最新版

90分でわかる!

相続ハンドブック

監修
弁護士 比留田薫
税理士 岡田茂朗
主婦の友社 編

新 90分でわかる!ハンドブック

はじめに

近年、「相続」についての関心が高まっています。関心が高まっている理由の一つが、2018年に相続に関する民法が改正されたこと。改正には「配偶者居住権」の創設、介護に貢献した相続人以外の親族が相続人に対し金銭を請求できる「特別の寄与」制度の創設、自筆証書遺言の作成方式の緩和（財産目録はパソコンでの作成が可能に）など、いくつかの重要な項目があります。

また、2015年1月1日に施行された相続税の税制改正により、基礎控除額が大幅に引き下げられたことも理由の一つです。税制改正後、相続税を納めなければならない人が全国平均で約2倍に増えています。

これまで、相続税は無縁と思っていた人にとっても、相続税は身近な問題になったといえるでしょう。特に地価の高い都市部に不動産を持っている人にとっては、相続税は無関係とはいえない状況になりました。

そして、もう一つの理由が「相続トラブル」。相続税がかかるほどの財産はなくても、遺産の分割をめぐって相続人同士が争うケースが増えています。

自宅の土地建物だけでも、わずかな預貯金だけでも、相続人同士の争い、トラブルは起きているのです。たとえば、財産が自宅不動産しかなく、相続人それぞれが相続分を主張した場合、家を売って分割する方法をとれば、その家に住んでいた人は住む場所を失うことにもなります。数百万円の遺産相続をきっかけに、それまで仲のよかった兄弟姉妹が疎遠になる、ということも少なくありません。

実際の手続きには、弁護士など専門家の手を借りることをおすすめしますが、基本的なことは知っておきたいものです。

この一冊を読んでいただければ、「相続&相続税」の全体がわかります。また、相続にかかわる「遺言」や「贈与」についての基本も押さえることができます。

「相続」に直面したときに、自分自身も、そして家族もあわてないように、そして、「相続」を円満にスムーズに進めるために、この一冊を役立てていただければ幸いです。

主婦の友社編集部

もくじ

第三章 遺産相続の方法

第四章 相続税の申告

第五章 遺言

相続開始から相続税の申告・納税までの流れ

相続の開始 被相続人の死亡

7日以内

死亡届の提出

3カ月以内

遺言書の確認

公正証書遺言以外は家庭裁判所に提出。検認の手続きをへて開封する

相続人の確定

被相続人、相続人の戸籍全部事項証明書（謄本）等により、相続人を確定する

相続財産の調査・確認

被相続人の財産を債務などのマイナス財産も含めてもれなくリストアップする

相続放棄・限定承認の申請

必要であれば相続放棄・限定承認の申請をする

4カ月以内

遺産の評価

相続財産の個々の評価額を算定する。相続税の申告・納税が必要かどうかの目安をつける

被相続人の準確定申告

必要であれば被相続人の所得税の申告をする

10カ月以内

遺産分割協議

相続人全員による遺産分割協議を行い、遺産分割協議書を作成する。未分割の場合は、いったん法定相続分で申告・納税。ただし、遺産分割について法的な期限はない

相続税の計算と提出書類の作成

場合によっては延納・物納の申請準備をする

相続税の申告・納税

- 遺留分の侵害がある場合は遺留分侵害額請求をする（1年以内）
- 場合によっては修正申告・更正の請求をする

第一章

相続の基本

財産上の権利と義務を引き継ぐ相続

「相続」は人が亡くなると始まる

人は亡くなると被相続人になる

「相続」は、人が亡くなった瞬間から始まります。亡くなった人は「被相続人」となり、相続の権利を持つ人、つまり「相続人」は、被相続人の財産上の権利と義務の一切を引き継ぐことになります。

たとえば夫婦で交通事故にあい、夫が亡くなり、翌日に妻が亡くなった場合、夫が亡くなった瞬間に、夫は被相続人、妻は相続人となり、夫の財産の相続が始まります。

そして事故の翌日、妻が亡くなると、その瞬間に、妻が被相続人となり、妻の財産の相続が始まります。

このような場合、夫、妻、それぞれの相続の手続きを、段階を踏んで行わなければなりません。これは死亡時刻が1時間の差であっても同じです。

生死が不明で裁判所から失踪宣告（30ページ参照）を受けた人の場合も、死亡したとみなされて相続が開始されます。

プラスとマイナスの財産がある

また、相続というと、預貯金や不動産などを受け継ぐ、といったプラスのイメ

重要！ 相続は人が亡くなった瞬間に始まる。相続人は被相続人の財産上の権利と義務の一切を引き継ぐ。

ージがありますが、「財産上の権利と義務の一切」というのは、亡くなった人の借金などの債務や、亡くなった人が負っていた損害賠償責任などのマイナスの財産も含みます。

相続にはマイナスの面もあり得るということも、知っておきましょう。

相続に関する手続きには期限がある

相続に関する手続きには期限があります。相続を放棄する場合の「相続放棄」の申請手続きは、自己のために相続の開始があったことを知った日（通常は相続開始の日。被相続人の死亡日）から3カ月以内、相続税の申告・納税は、相続開始の翌日から10カ月以内などとなっています。

3カ月というのは、意外に短いもの。被相続人には、どのくらいの財産があるのか、だれが相続人なのかの確認や、どの財産をどの相続人が相続するのかについての話し合いなど、迅速に正確に行う必要があります。

遺言があれば相続は遺言に従って行われる

遺言があるかないかで大きく違う

遺言は法律より優先される

遺産相続の方法には、遺言《ゆいごん》による相続、相続人全員による話し合い（分割協議）による相続、民法に決められた相続人の範囲や相続分に従って相続をする法定相続（34ページ参照）などがあります。

相続の形は、亡くなった人（被相続人）が遺言を残していたか、いなかったかで、大きく違ってきます。

というのも、相続では「遺言による相続は法定相続に優先する」という大原則があるからです。

法的に効力のある遺言が残されていた場合は、原則として法律より優先されて遺言により相続が進められます。

まずは遺言の有無を確認する

被相続人が亡くなったら、まず、相続に関しては、遺言書があるかどうかの確認をします。

故人が法的に効力のある遺言書を残していた場合、遺産の内容が明確に示され、その分け方についても明示されていれば、遺産相続は原則としてそれに従って行います。

重要！ 遺言による相続は法定相続に優先する、という大原則がある。最初に遺言の有無を確認する。

たとえば、遺言書に「妻に全財産を相続させる」とあれば、原則として、妻が全財産を相続します（他の相続人が遺留分を請求した場合は別・44ページ参照）

ただし、相続人全員の同意があれば、遺言に従わなくてもかまいません。

たとえば遺言書に「財産は妻に8割、子に2割、相続させる」とあっても、相続人である子が「母（被相続人の妻）にすべて相続させたい」と考え、母子ともに同意すれば母が全財産を相続することができます。

遺言書があるかないかの確認をせずに、遺産分割の話し合いを行い、分割を終えたあとに遺言書が発見された場合は、遺産分割をやり直さなければならないこともあります。

遺言書がなければ法定相続に

遺言書がない場合は原則として「法定相続」により、遺産の分配が行われます。

遺産の分配のトラブルを避けるために、民法では相続人の資格や順位、相続分などを明確に決めています。これが「法定相続」です。

法定相続では、相続財産を、だれが、どの割合で受け継ぐか、法律により自動的に決まってしまいます。

ただし、相続人全員の合意があれば、話し合いによって法定相続ではない分け方をすることもできます。

法律により決められている相続人＝法定相続人

遺産を受け取れるのはだれ？

相続人は法律で決められている

だれが遺産を受け取れる相続人になるか（相続人の範囲）は、法律で決められています。これが「法定相続人」です。

第二章で詳しく説明しますが、法定相続人は、亡くなった人（被相続人）の配偶者や子、親や兄弟姉妹です。一人の人間が亡くなったときに、だれが相続人になるのかは、その人に配偶者や子どもがいるかなど家族の状況によって決まります。

すみやかに法定相続人の確定を

相続が始まったら、遺言書の確認の次に必要なのは「法定相続人」にはだれがいるかの確認、確定です。法定相続人の確認は、遺言書の有無にかかわらず必要な手順です。

たとえば、遺言書がなく、相続人は被相続人の妻と子どもだけと思って遺産分割を進めていたところ、故人に妻以外の女性との間に子どもがいることがわかったとします。この場合、その子も法定相続人になるので、その子も加わって一から遺産分割の話し合いをし直さなければならなくなります。

重要！

遺産を受け取れる相続人は法律により決められている。相続人の確定には故人の出生から死亡までの戸籍を調べる。

法定相続人にはだれがいるのか、正確に確認するには、被相続人が生まれてから亡くなるまでの連続した戸籍をすべて手に入れて調べる必要があります。戸籍調べには手間がかかることもあるので、できるだけ早くとりかかりましょう。

遺言によって受け取れる人も

法定相続人のほかに、遺言に「○○に別荘を譲る」など特定の第三者に財産を譲ると書かれていた場合には、第三者でも遺産を受け取ることができます。

故人の出生から死亡までの戸籍調べ

亡くなった人の出生から死亡までの連続した戸籍を調べるには、たいていの場合、現在の戸籍（現戸籍）、除籍、改製原戸籍（かいせいげんこせき）を取り寄せることになります。

戸籍は基本的には夫婦と子までの単位で構成されています。子が結婚すると親の戸籍から抜けて新しい戸籍を作ります。結婚や死亡により、一つの戸籍に入っていた人全員が抜けると、その戸籍は「除籍」となります。筆頭者が死亡しても、その戸籍に入っている人が一人でもいれば除籍とはならず、死亡した人が筆頭者のまま戸籍として存在します。

また、法令によって戸籍の記載方法などが変更されると、それ以前の戸籍の記載内容が省略される場合があります。省略された内容を確認するためには変更前の戸籍「改製原戸籍」を調べる必要があります。

記載されているすべてを知るためには謄本を手に入れます。戸籍事務を電子化している自治体では謄本は「戸籍全部事項証明書」、抄本は「戸籍個人事項証明書」という名称です。

現戸籍の請求先は死亡時の本籍地の市区町村役所の戸籍係です。順序としては現戸籍から、一つずつさかのぼって出生までをそろえます。

どのような財産があるかを明確にする

相続財産には借金も含まれる

現金・不動産などのほか借金も含まれる

相続が開始されたら、相続人の特定とともに、財産にはどのようなものがあるのかを明らかにする必要があります。相続人が複数いる場合は、相続が開始されると遺産分割が確定するまで財産は相続人全員の共有となります。

相続の対象になる財産には、被相続人が生前所有していた土地、家屋などの不動産、現金・預貯金、株式などの有価証券、貴金属・宝石類、書画・骨董《こっとう》、家財道具のほか、借地権、借家権などの権利などがあります。そして、借金や住宅ローン、未払いの税金などのほか、連帯保証人としての債務、損害賠償の債務などのマイナスの財産があります。

遺産分割をするうえでも、相続税の申告をするうえでも、相続財産をもれなくリストアップすることが大事です。

マイナスの財産が多い場合、相続を放棄する、という選択もできます。相続放棄の手続きは、相続開始後3カ月以内に行わなければならないので、特にマイナスの財産が多いと思われる場合は、財産

重要！ 相続財産には預貯金や不動産のほか、借金やローンなどのマイナスの財産も含まれる。

のリストアップもできるだけ早く行う必要があります。

香典は相続の対象にならない

　相続の対象にならない財産には、故人の葬儀の際に喪主が受け取った「香典」、受給権者が指定されている故人の「死亡退職金」、「生命保険金」、遺族が受け取る「遺族年金」、「祭祀《さいし》財産（墓地・墓石・仏壇・仏具など）」などがあります。

　なお、「相続の対象となる財産」と「相続税がかかる財産」（86・154ページ参照）はイコールではありません。相続の対象とならない財産であっても、「みなし相続財産」として課税対象となるものもあります。

祭祀財産を継ぐ人とは？

　墓地、墓石、仏壇、仏具、位牌（いはい）、神棚、家系図など、先祖を祭るためのものを「祭祀財産」といいます。これを受け継ぐ人を「祭祀承継者」といいます。祭祀財産は被相続人が祭祀承継者を指定していれば、その人が単独で引き継ぎます。

　祭祀承継者を指定していない場合は、慣習に従って承継者を決めます。かつては長男が継ぐことが当たり前とされていましたが、必ずしも長男が継がなければならないわけではありません。

　ただし、墓地に関しては墓地の使用権の承継には制限がある場合もあるので墓地管理者の確認が必要です。

　遺族の話し合いで承継者が決まらない場合は、家庭裁判所に申し立てて決めることになります。

相続税には基礎控除がある

相続税を納めなければならないのは？

基礎控除額を超えると課税される

相続税は遺産相続をしたすべての人が、必ず納めなければならないものではありません。相続財産の課税価格が基礎控除額以下の場合には、申告、納税の必要はありません。課税価格というのは、相続財産から負債や葬式費用、非課税財産を差し引き、みなし相続財産（86ページ参照）や生前贈与財産（88ページ参照）を加算した額です。

基礎控除額は「3000万円＋法定相続人1人につき600万円」です。

たとえば法定相続人が3人いる場合、「3000万円＋600万円×3＝4800万円」となり、課税価格が4800万円以下であれば、申告、納税の必要はありません。

税制改正で納税者は増加

基礎控除額は税制改正により平成27年から変更されています。それ以前は「5000万円＋法定相続人1人につき1000万円」でした。控除額が大幅に少なくなった結果、相続税の納税者が増えています。

重要！ 基礎控除額以内なら相続税の申告・納税の必要はない。配偶者には税額軽減の特典がある。

２０１４年に亡くなった人の相続で、相続税を納めた人の割合は全国平均で４・４％、約５万６０００人でしたが、２０１７年の全国平均は８・３％、約11万２０００人に増えています。

都市部では納税の割合が高く、東京国税局管轄（東京・千葉・神奈川・山梨）では２０１７年、13・２％が納税対象に。東京に限ると16・２％で６人に１人が相続税を納めています。

都市部では不動産を持っているだけで、相続税がかかる場合もあります。漠然とわが家は大丈夫、と考えずに、財産がどれくらいで基礎控除額はどれくらいか、知っておいたほうがいいでしょう。

相続人の構成によっても異なる

また、98ページで詳しく説明しますが、配偶者（被相続人の妻または夫）には、相続税が大幅に軽減されたり、無税になったりする特典が設けられています。

配偶者が相続により取得する財産の課税価格が１億６０００万円以下の場合、もしくは取得する財産の課税価格が法定相続分以下の場合は、無税になります。

たとえば、相続人が故人の妻と子であり、遺産の課税価格が１億円で、そのすべてを妻が相続する場合は、相続税はかかりません。ですが、相続人が子のみの場合は、相続税を納めなければなりません。

遺言書を見つけたら

公正証書遺言以外の遺言書は家庭裁判所に提出し、検認を受ける

家庭裁判所の検認を受ける

遺言者の死後、遺言書が見つかった場合、その遺言書が公正証書遺言以外（自筆証書遺言、秘密証書遺言など）のときには、保管していた人、または発見した人には、すみやかに家庭裁判所に提出して検認を受ける義務があります。

「検認」というのは遺言書の方式を調査し、遺言書の存在を明確にし、記載内容を確定して偽造・変造を防ぎ、保存を確実にするために行われるものです。

遺言書の書式や書かれている内容が法的に有効かどうかを判断するために行うものではありません。検認を受けた遺言でも、法的に正しい形式で作成されていなければ無効になることもあります。

封印された遺言はそのまま提出する

遺言書が封印されていない場合は、検認を受ける前に開封してもかまいませんが、封印されている場合は、そのまま提出する必要があります。開封は家庭裁判所で相続人などの立ち会いのもとでのみ認められています。

これに違反し、かってに開封すると過

重要！

公正証書遺言以外の遺言は、発見したら家庭裁判所に提出する。封印されている遺言書はそのまま提出を。

料（5万円以下）を科せられます。また、検認が必要な遺言書なのに、故意に検認の請求を行わなかった場合も過料が科せられます。

検認の請求申し立ては被相続人が亡くなったときの住所地の家庭裁判所に行います。遺言書検認申立書、遺言書の原本に、被相続人や相続人などの戸籍全部事項証明書などの必要書類を添えて提出します。

遺言の隠匿は相続人の資格を失う

遺言の検認請求をせず、さらに隠匿《いんとく》した場合は相続欠格（50ページ参照）により相続権を剥奪されます。

また遺言を偽造・変造した場合は、相続権を剥奪されるだけでなく、刑事責任も問われることになります。

自筆証書遺言の保管制度

なお、法改正により法務局による自筆証書遺言の保管制度が創設され、２０２０年7月10日より施行されます。

作成した自筆証書は保管申請をすると、法務局では本人確認と遺言書の方式が法的に間違っていないかを確認し、原本と画像データを保存します。遺言者の死後、相続人や受遺者は遺言書保管所に遺言が保管されているかどうかを調べることができます。

法務局で保管している遺言書については家庭裁判所の検認が不要になります。

一次相続と二次相続

●配偶者が全財産を相続することの多い一次相続

聞きなれない言葉かもしれませんが、相続には一次相続と二次相続があります。両親のうちの片方が亡くなって、配偶者と子が相続人になるケースが一次相続です。その後、残された配偶者が亡くなったときの相続が二次相続です。

一次相続では、配偶者が全財産を相続するケースも珍しくありません。この多くは父親が亡くなった場合で、配偶者である母親が全財産を相続するというケースです。これには、やがて母親が亡くなったとき（二次相続）には、子どもたちが相続人になって財産を引き継ぐことになるから、という思いがあります。

また、相続税の面から、配偶者の相続する財産の課税価格が1億6000万円、もしくは法定相続分（相続人が配偶者と子の場合は2分の1）以内であれば無税になる、「配偶者の税額軽減」が適用できるという背景があります。

加えて、一次相続では、たとえば母親が自宅不動産を相続した場合には、「小規模宅地等の特例」が適用でき、一定面積以下なら評価額から最大80%を減額できる特典もあり、相続税がかからなかったり、低く抑えられることが多いからです。

●二次相続では多額の税金や兄弟姉妹間のもめごとも

一次相続で、母親（被相続人の配偶者）が全財産を相続するのであれば、分割協議も必要なく、子どもたちがもめることも少ないと思われますが、考えておきたいのは二次相続のことです。

二次相続では遺産分割をめぐっての、兄弟姉妹間のもめごとも少なくないのです。また、相続税の問題もあります。

二次相続では、「配偶者の税額軽減」の適用は受けられず、また、子が親と同居していなかった場合は「小規模宅地等の特例」の適用を受けられない場合があり、多額の相続税がかかってくることも考えられます。一次相続の際に配偶者と子どもとで財産を分割して相続しておいたほうが、一次と二次でトータルでの相続税の額が少なくてすむこともあります。

二次相続での兄弟姉妹間の争いを防ぐためにも、一次相続の際に、母親がすべてを引き継ぐのがよいのかどうか、また、二次相続をどうするか、話し合っておいたほうがよいでしょう。母親が住む自宅不動産の相続に関しては、将来、母親が住むところに困ることのないよう熟慮しましょう。

第二章

相続と相続人

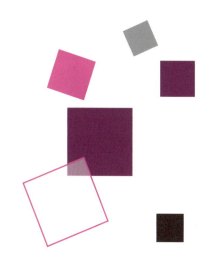

相続人の範囲と順位は民法で決められている

法律で決められている相続人

配偶者相続人と血族相続人

相続人になれる人の範囲は法律（民法）で決まっていて、決められた相続人のことを「法定相続人」といいます。

法定相続人には「配偶者相続人」と「血族相続人」があります。

配偶者相続人というのは、故人（被相続人）の配偶者、つまり夫や妻です。事実婚の夫婦であっても、法律上の婚姻関係にない場合は、相続権はありません。

血族相続人とは、被相続人と血のつながった親族の中でも、子や孫などの直系卑属、父母や祖父母などの直系尊属、兄弟姉妹などです。血族相続人は相続人になれる順位も決まっています。

配偶者相続人は、常に相続人になれます。被相続人の子も、常に相続人になれます。また、血族相続人は被相続人に配偶者がいてもいなくても、相続人となることができます。

血族相続人の順位

血族相続人には第一から第三の順位があります。

第一順位の人がいれば、第二順位、第

重要！ 相続人の範囲と順位は法律で決められている。配偶者と子は常に相続人になれる。

三順位の人は相続人になれません。第一順位にあたる人がいない場合には第二順位の人が相続人になります。

第一順位にも第二順位にも相続人にあたる人がいない場合に、第三順位の人が相続人になる仕組みです。

第一順位　被相続人の直系卑属

第一順位は被相続人の子。子には嫡出子（法律上の婚姻関係にある夫婦間の子）、認知された非嫡出子（法律上の婚姻関係にない男女間の子）、養子、胎児、代襲相続（26ページ参照）の被相続人の孫やひ孫などが含まれます。

第二順位　被相続人の直系尊属

第二順位は被相続人の直系尊属である父母や祖父母などです。被相続人に子がいない場合は父母が、子も父母もいない場合は祖父母が相続人となります。

父母のうち、どちらかがいれば、祖父母は相続人にはなりません。

第三順位　被相続人の兄弟姉妹

第三順位は被相続人の兄弟姉妹で、父親や母親の片方が異なる異母兄弟姉妹や異父兄弟姉妹（半血兄弟姉妹といいます）も含みます。

被相続人に直系卑属も直系尊属もいない場合に、兄弟姉妹が相続人となります。

亡くなった子の相続権は孫、ひ孫が受け継ぐ

相続人が死亡している場合の代襲相続

その子が相続権を引き継ぐ

被相続人の子がすでに亡くなっている場合は、その亡くなった子に子（被相続人の孫）があれば、その子が親の相続分を引き継ぎます。これを「代襲《だいしゅう》相続《そうぞく》」といいます。

「相続欠格」や「相続人の廃除」（50ページ参照）によって相続権を失った人の場合も、その人に子があれば代襲相続ができます。

被相続人よりも先に亡くなった子の子（孫）も、すでに死亡しているか相続権を失っているときは、被相続人のひ孫がいれば、ひ孫が代襲相続します。

直系卑属には無限に代襲相続が認められているのです。

被相続人の兄弟姉妹が相続人である場合、その子たち（被相続人の甥・姪）は代襲相続ができますが、さらにその子、つまり兄弟姉妹の孫には代襲相続は認められません。

相続放棄をした人の場合、代襲相続はできません。

重要！

直系卑属には無限に代襲相続が認められる。被相続人の甥・姪の子は代襲相続できない。

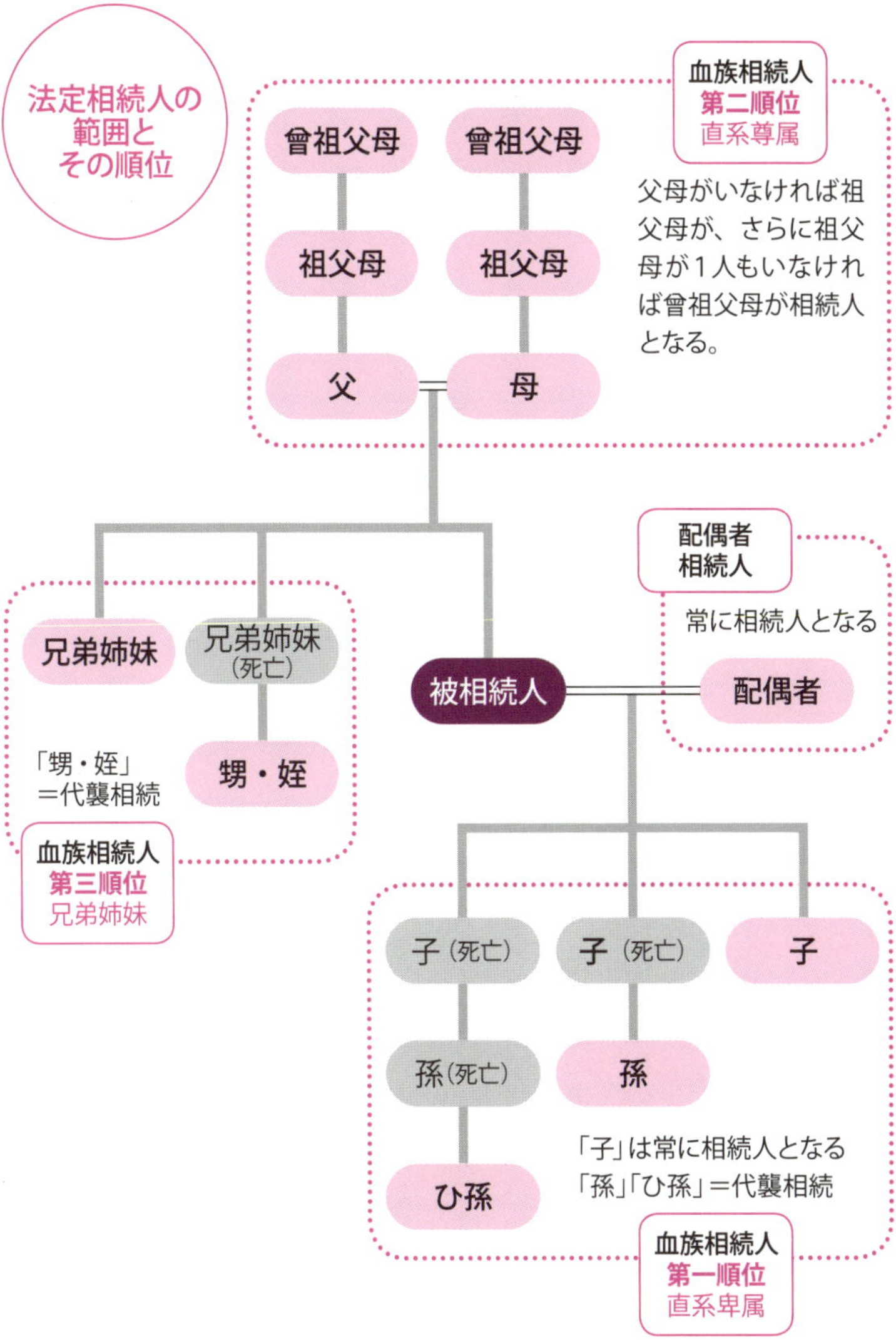

相続人全員が参加しないと遺産分割の話し合いはできない

故人の戸籍をもとに相続人を確定

相続人の確定

遺言による指定がない場合、遺産の分割は、代襲相続人や法定代理人なども含めて相続人全員による話し合い（遺産分割協議）により行います。一人でも不参加の人がいれば、遺産分割協議は成り立ちません。

相続が始まったら、相続人にはだれがいるかを確定する必要があります。

相続人の確定には、被相続人が生まれてから亡くなるまでの戸籍をすべて手に入れて確認します（15ページ参照）。戸籍を調べるのは、たとえば被相続人が遺族も知らないところで子どもをもうけていれば、その子（代襲相続人も含む）も相続人となる場合などがあるからです。

相続人が確定したら、「相続関係説明図」を作成すると、相続関係がわかりやすくなります。相続税の申告や不動産等の登記、金融関係の相続の手続きにも使用します。

相続人が未成年のとき

相続人が未成年者の場合は、法定代理人が遺産分割協議を行います。法定代理

重要! 相続人が一人でも不参加だと、
遺産分割協議が成り立たない。
未成年者の相続は法定代理人が行う。

人は普通、親権者ですが、親権者もまた相続人の一人であれば利益が相反するため、未成年者の法定代理人にはなれないので家庭裁判所に申し立てをして「特別代理人」を選任してもらいます。子どもが複数いる場合は、それぞれに特別代理人を選定します。申し立ては親権者、またはほかの相続人が行います。

相続関係説明図の例

相続人が配偶者・子、孫（代襲相続人）の場合

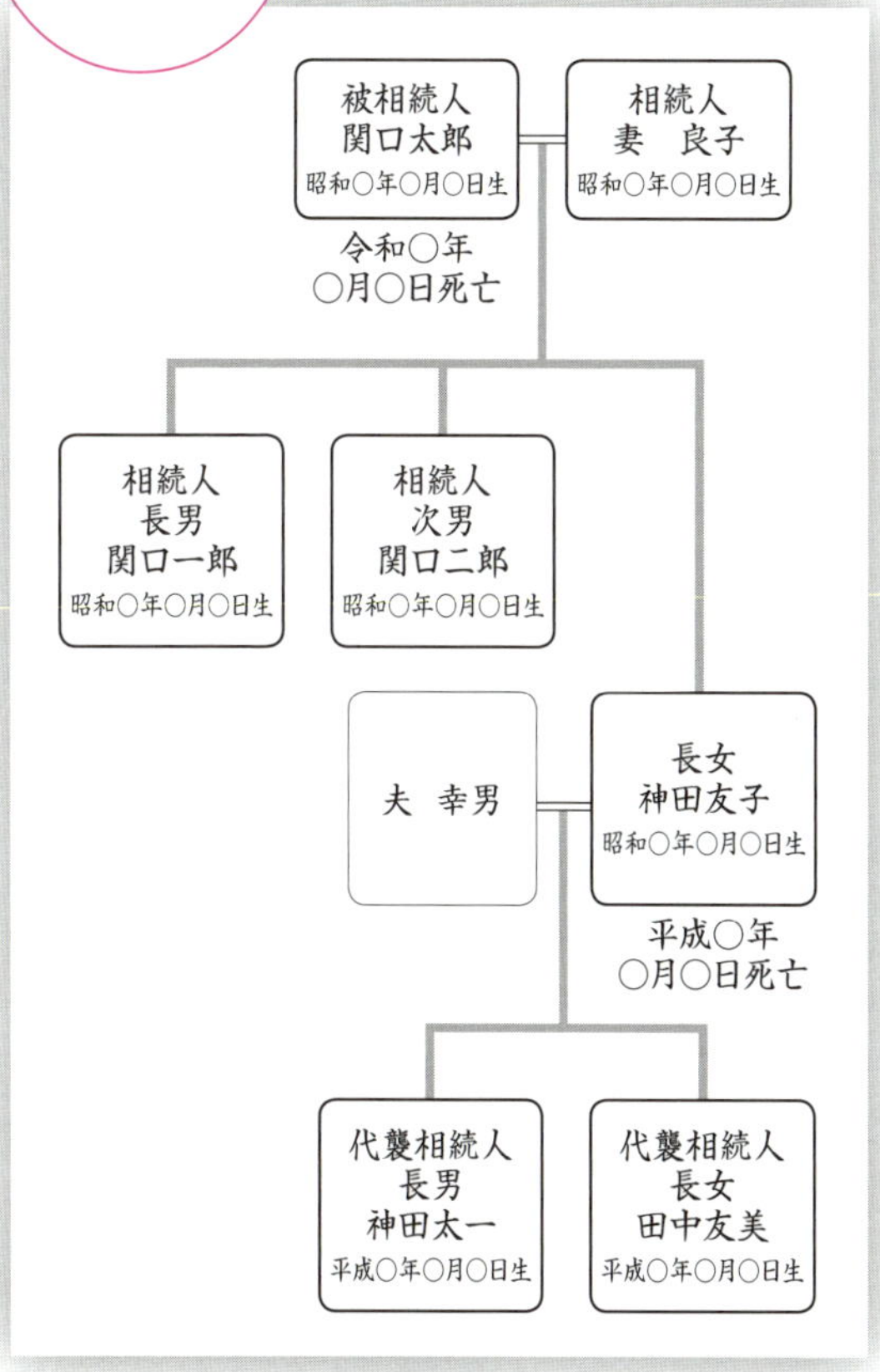

それぞれの関係と生年月日（できれば住所も）、亡くなった人は死亡年月日を入れる。婚姻関係は二重線でつなぐ。

相続人が行方不明のとき

●生死不明が7年以上のとき

相続人が確定できても、その中に行方不明の人がいれば、話し合いが成り立ちません。

家出などにより、音信不通で生死不明が7年以上つづいた場合（普通失踪といいます）は、家庭裁判所に「失踪宣告」の申し立てをします。

海難事故や山岳事故などにより、死亡したのは明らかなのに遺体が発見されない状況（特別失踪といいます）が1年つづいた場合も、家庭裁判所に「失踪宣告」の申し立てができます。

申し立てができるのは、配偶者や利害関係人です。

家庭裁判所の審判による失踪宣告確定後は、10日以内に失踪者の本籍地または申し立てをした人の住所地の市区町村役所に「失踪届」を提出します。

届けが受理されると、失踪者は死亡したとみなされます。ただし、死亡の認定日は状況により異なります。

●普通失踪が7年に満たないとき

普通失踪の状態が7年未満の場合は、生きているものとみなされるので、家庭裁判所に「不在者財産管理人」の選任を申し立てます。選任された不在者財産管理人は、行方不明者の代理人として遺産分割協議に参加し、分割後の財産を管理します。

また、手紙や電話などにより、生きていることは確かであるのに、所在地の確認ができない場合も、家庭裁判所に不在者財産管理人の選任を申し立てます。

相続人が一人もいないとき

●相続財産管理人が手続きをする

相続人が一人もいないと思われるときは、次のような手続きがされます。

まず、被相続人の利害関係人（債権者や受遺者など）や検察官などが、被相続人の住所地の家庭裁判所に被相続人の財産を管理する「相続財産管理人」の選任を申し立てます。

家庭裁判所は相続財産管理人を選任し、選任の公告をします。選任公告後2カ月以内に相続人が現れないときは、選任された相続財産管理人は2カ月以上の期限を定めて利害関係人に請求の申し出をするよう公告します。公告により請求の申し出をした債権者や受遺者に、相続財産管理人は財産の中から弁済を行います。

この公告期間に相続人が現れないときは、家庭裁判所は相続人捜索の最後の公告をし、期間内（6カ月以上）に相続人が現れなければ相続人の不在が確定し、申し出なかった人は権利を失います。

その後、特別縁故者から財産分与の申し立てがあり、認められれば財産を分与します。すべての処理を終えて残った財産は国庫に入ります。

●特別縁故者による財産分与の申し立て

民法では「被相続人と生計を同じくしていた者、被相続人の療養看護に努めた者、その他被相続人と特別の縁故があった者」を「特別縁故者」として、申し立てが認められれば相続人ではなくても、財産の全部や一部を受け取ることができる、と定めています。

具体的には、①一緒に生活していた内縁の妻や夫、②事実上の養子、③病気の看護に尽くした人、などです。特別縁故者は、相続人がいないと確定してから3カ月以内に家庭裁判所に財産分与の申し立てをします。

相続人が複数のときは遺産を分割する

遺産分割の方法は三つ

遺言があればそれに従う

相続人が二人以上いるときには、遺産を分割しなければなりません。遺産分割の方法には

①指定分割
②協議分割
③調停分割・審判分割

の三つがあります。

被相続人が遺言で財産の分割方法を指定している場合は、それに従って分割が行われます。これが「指定分割」です。遺言による指定が法定相続による相続分と違っていても原則としてこれに従います。相続では「遺言による相続は法定相続（34ページ参照）に優先する」という大原則があるため、遺言による指定が優先されるのです。

ただし、遺留分《いりゅうぶん》（44ページ参照）の請求があった場合は、この限りではありません。また、相続人全員の同意があれば、遺言の指定に従わなくてもかまいません。

相続人全員で話し合って分ける

遺言による指定がない場合は、相続人全員が話し合い（協議）をして分割しま

重要！ 遺言で分割が指定されていれば、それに従う。指定がなければ、相続人全員で話し合う。

す。これが「協議分割」です。この話し合いを「遺産分割協議」といいます。

通常は民法の法定相続分を目安にしながら、遺産の性格（不動産、預貯金、有価証券など）、相続人それぞれの状況などを考慮に入れて、どのように分割するかを話し合います。

なかなか話し合いがまとまらないときには、法定相続分に従います。この場合は「特別受益者」（64ページ参照）や「寄与分」についても考慮をしながら協議をします。

同意が得られない場合の調停

遺産分割は相続人の一人でも同意しない場合は成立しません。遺産分割協議がまとまらないときは、家庭裁判所に「遺産分割の調停」を申し立てることができます。家庭裁判所の調停では、非公開の場で家事審判官と調停委員の立ち会いのもとに相続人が集まって話し合いを行い、譲歩と合意を目指します。これが「調停分割」です。

話し合いがまとまらず、調停が不成立に終わると、自動的に審判に移行します。家庭裁判所の審判では裁判所の調査をもとに、家事審判官による分割が命じられます。これが「審判分割」です。

調停は相続人の一人、もしくは何人かが、残りの相続人全員を相手方として申し立てます。

各相続人が受け継ぐ割合は法律で決まっている

遺言がない場合の法定相続

民法で定められた相続の割合

遺言が残されていないとき、遺言に相続分や遺産分割の方法の指定がないときは、民法による相続分の定め＝法定相続分によって遺産分割を行います。これを法定相続といい、各相続人が受け継ぐ遺産の割合（法定相続分）が決まっています。法定相続分の割合は相続人にだれがいるか、によって異なります。

相続人が被相続人の配偶者（配偶者相続人）一人だけの場合は、配偶者が全遺産を相続します。

配偶者と血族相続人がいる場合は、血族相続人の順位と人数によって比率が変わります。

●配偶者と直系卑属（第一順位）の相続

被相続人に配偶者と第一順位の子（直系卑属）がいる場合は、それぞれが遺産の2分の1を相続します。

子が複数のときは2分の1を頭数で等分します。たとえば子が二人いれば、それぞれ4分の1ずつ相続します。非嫡出子の相続分は以前は嫡出子の2分の1でしたが、法改正により平成25年9月5日

重要！

遺言がなければ、法定相続分によって遺産の分割を行う。法定相続分は相続人の構成によって異なる。

以後の相続より、嫡出子と同等になりました。

配偶者が死亡や離婚のためにいない場合は、子たちが全遺産を等分して相続します。

子がいずれも死亡していて孫がいる場合は、孫が権利を引き継ぎます（代襲相続）。胎児も嫡出子として同じ相続分が認められています。ただし、出生して初めて相続権を有することになります。

●配偶者と直系尊属（第二順位）の相続

被相続人に子や孫（直系卑属）がいない場合は、被相続人の直系尊属である父母、父母がいなければ祖父母が配偶者と遺産を分割します。

相続分は配偶者が3分の2、直系尊属が3分の1です。配偶者がいない場合は、直系尊属が全財産を相続します。

●配偶者と兄弟姉妹（第三順位）の相続

被相続人に直系卑属も直系尊属もいない場合は、被相続人の兄弟姉妹が配偶者と遺産を分割します。相続分は配偶者が4分の3で兄弟姉妹は残りの4分の1を頭数で等分します。

異母兄弟姉妹・異父兄弟姉妹（半血兄弟姉妹）の相続分は、同じ父母から生まれた兄弟姉妹の2分の1です。

配偶者がいない場合は兄弟姉妹が全遺産を相続します。

■法定相続分（割合）

配偶者	子 第一順位	親 第二順位	兄弟姉妹 第三順位
1/2	1/2	0	0
2/3	いない	1/3	0
3/4	いない	いない	1/4
全部	いない	いない	いない
いない	全部	0	0
いない	全部	いない	0
いない	全部	0	いない
いない	全部	いない	いない
いない	いない	全部	0
いない	いない	全部	いない
いない	いない	いない	全部

※異なる順位の血族相続人が同時に相続人になることはない。

相続人の組み合わせと法定相続分

ケース1 妻と子３人（うち１人は養子）の場合

配偶者である妻は½、子は½を頭数で等分する。子は結婚して姓が変わった子も同じ相続分。養子も実子と同じ相続分になる。

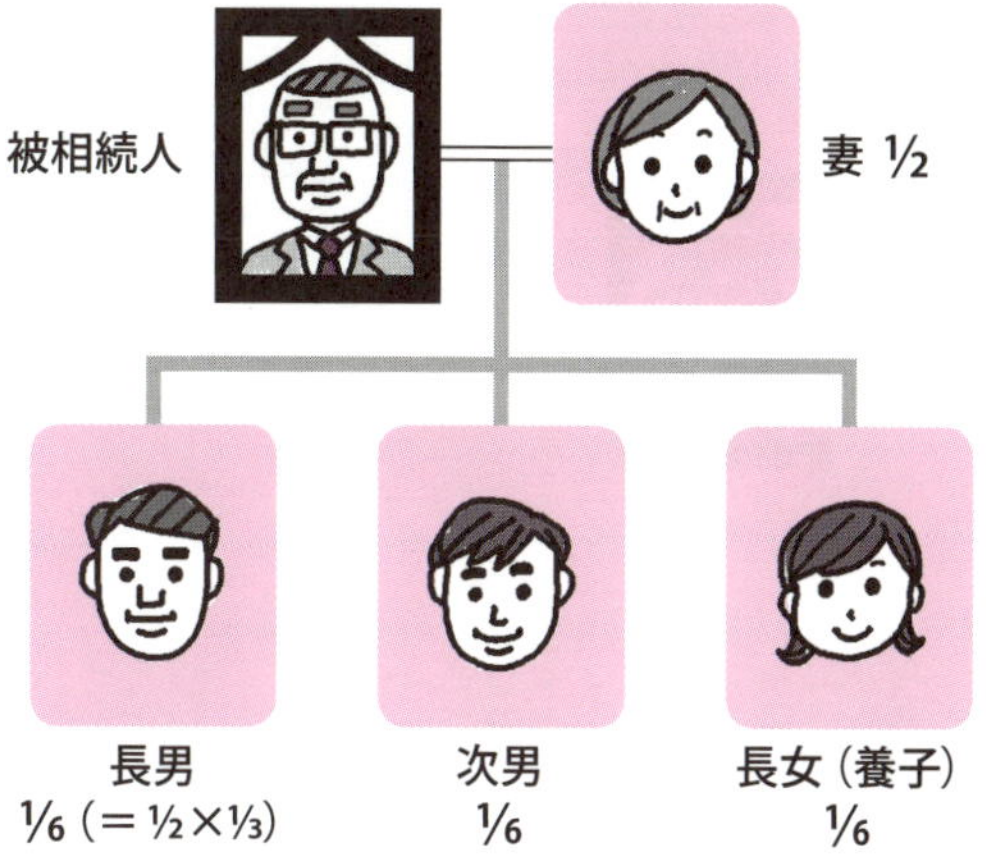

ケース2 妻と子１人、胎児１人の場合

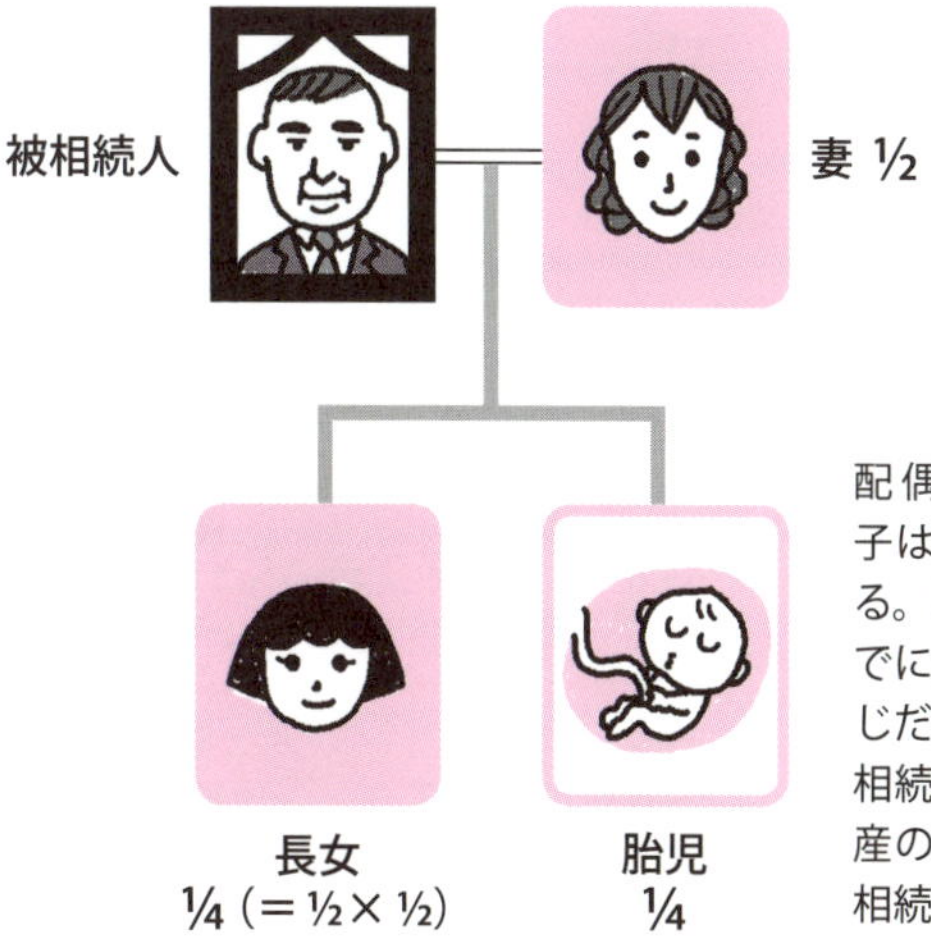

配偶者である妻は½、子は½を頭数で等分する。胎児の相続分はすでに生まれている子と同じだが、出生して初めて相続権を有するので、死産の場合は長女が½を相続する。

ケース3 妻と子2人、孫2人（代襲相続人）の場合

配偶者である妻は½、子は½を頭数で等分する。長女が死亡しているので、長女の子（孫）2人が代襲相続する。長女が相続するはずだった相続分を2人で等分し1/12ずつになる。同じ孫でもCの相続分はない。

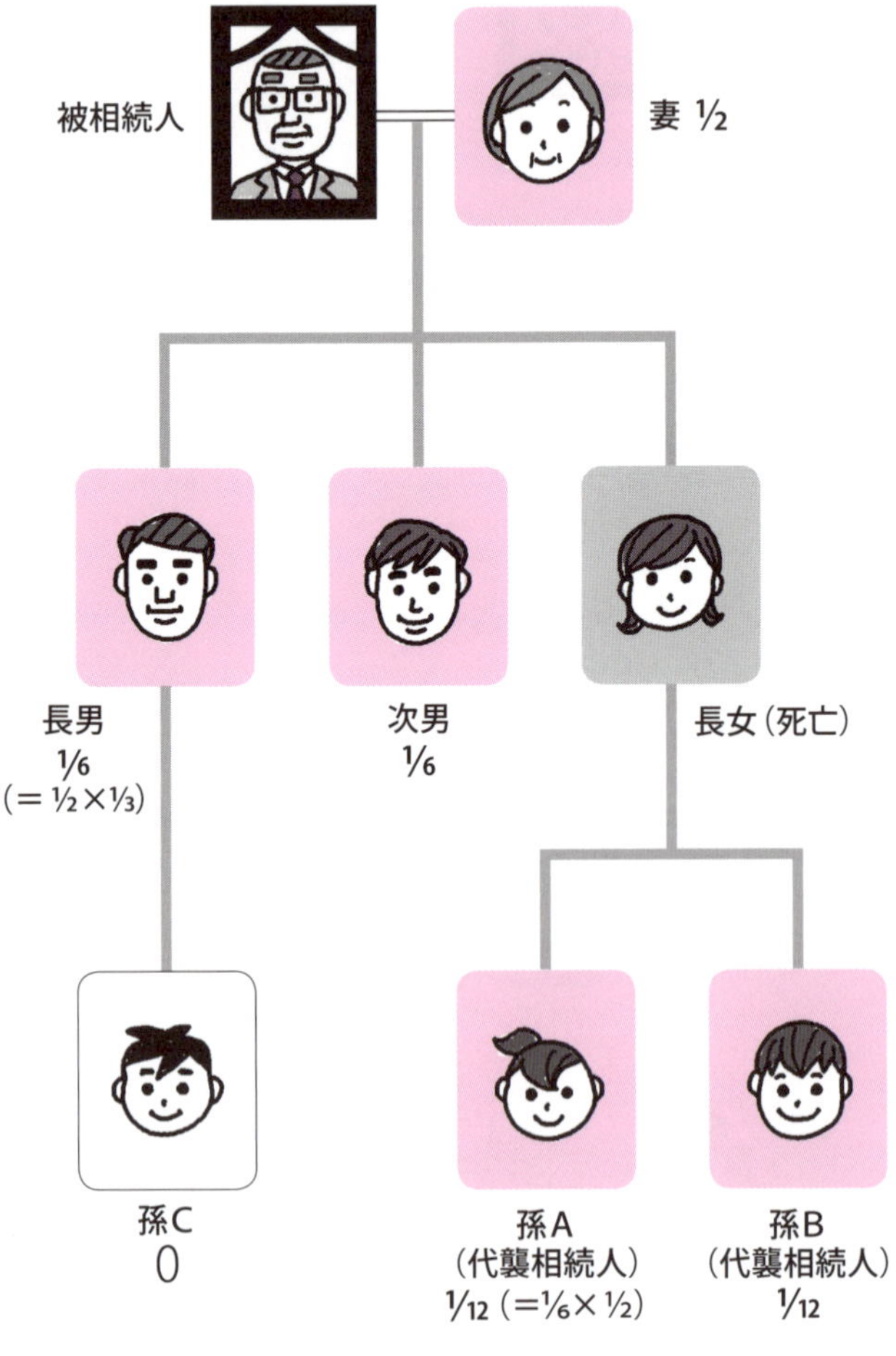

ケース4 妻と子３人（１人は相続放棄）の場合

配偶者である妻は½。相続放棄した人は最初から相続人ではなかったとみなされるので、その人に子がいても代襲相続はできない。子の相続分½を相続放棄した以外の子が等分して相続する。

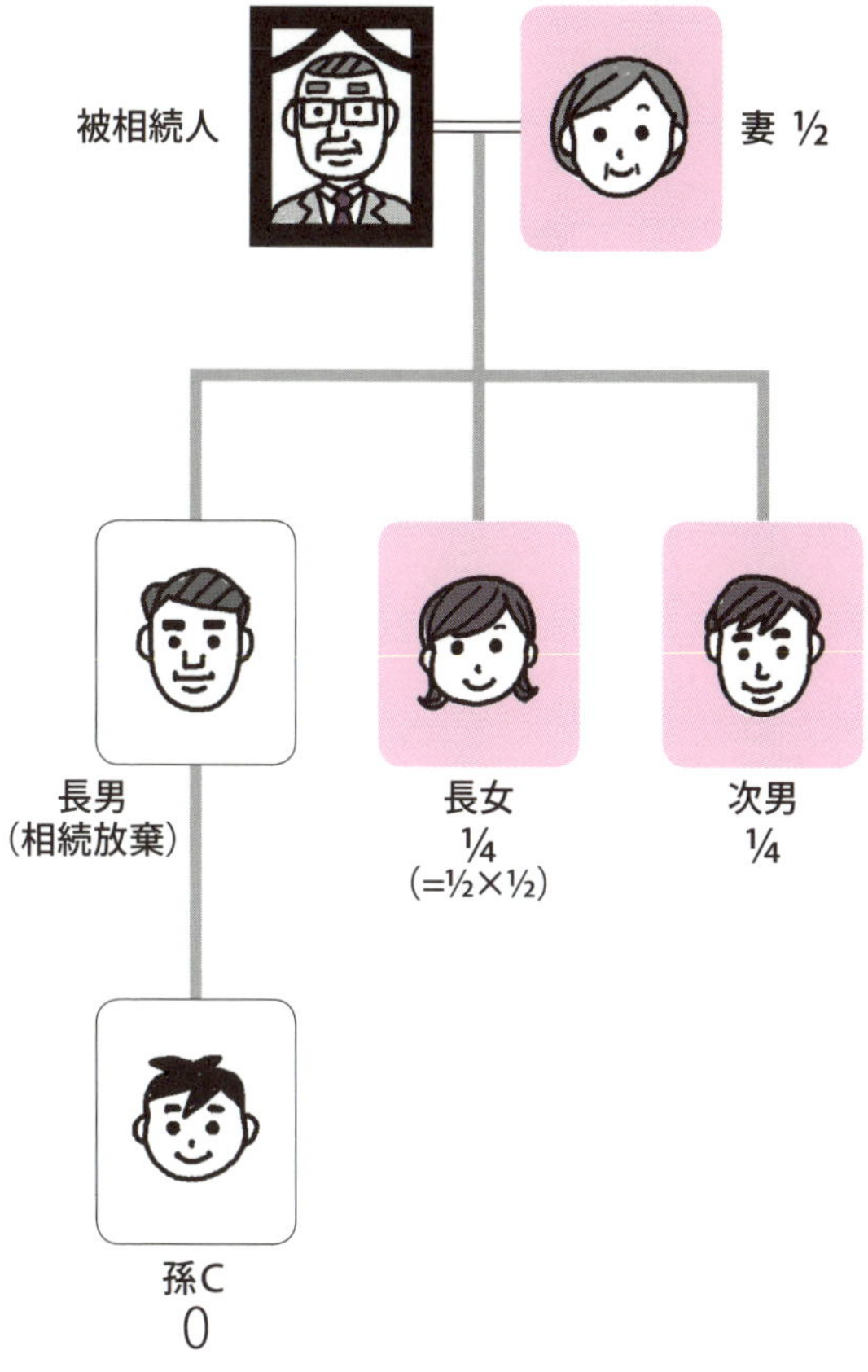

ケース5 先妻（死亡または離婚）の子1人と後妻、後妻の子1人の場合

配偶者である後妻は½。先妻の子も法律上の婚姻関係にあった夫婦の子（嫡出子）なので、現在の妻との子と相続分は同じ。先妻の子と後妻の子で等分する。後妻が死亡している場合は、子がそれぞれ½ずつ相続する。

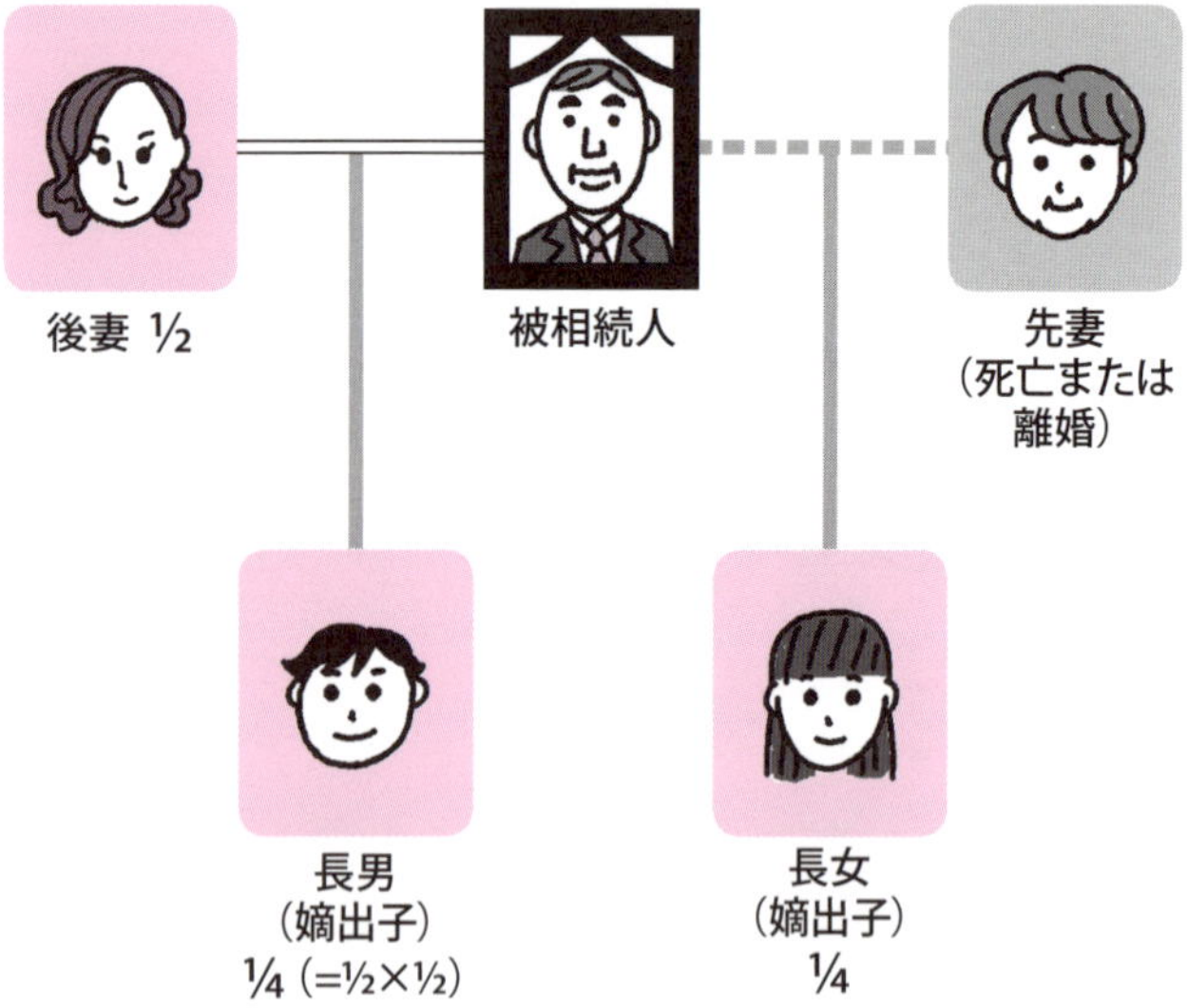

ケース6 妻と子１人、認知した愛人の子１人

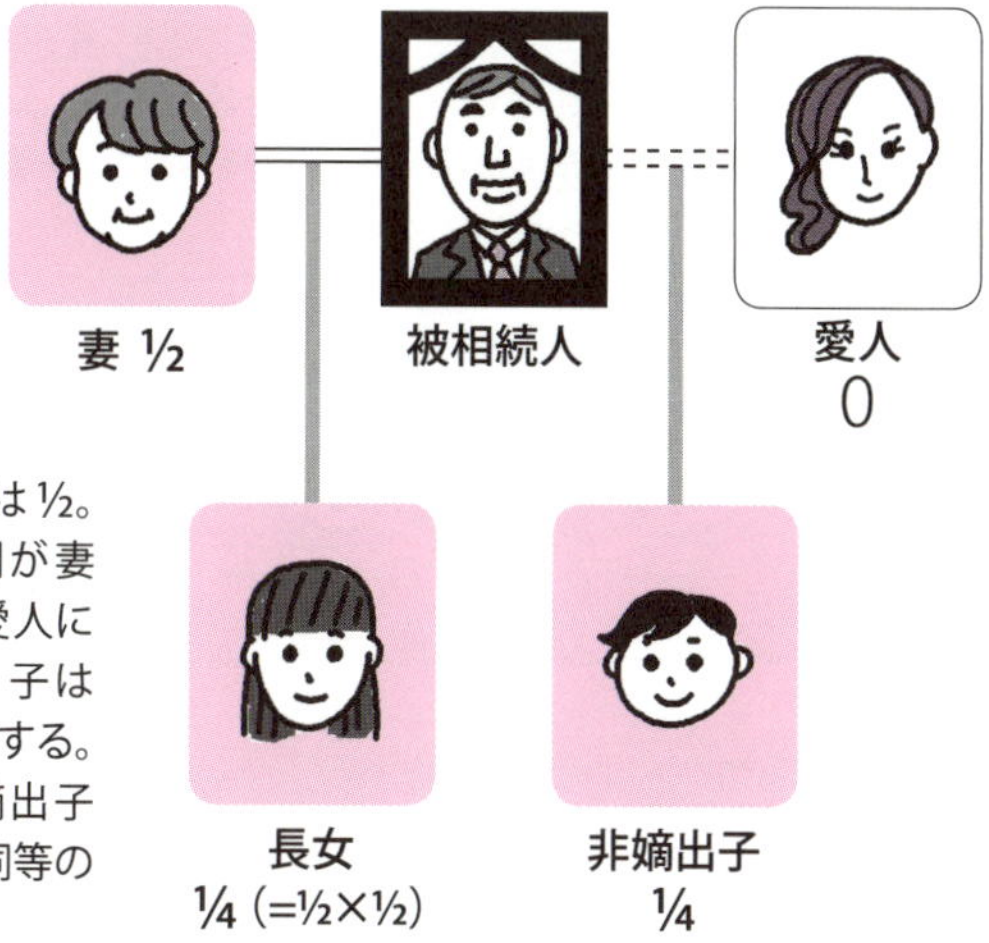

配偶者である妻は½。たとえ同居期間が妻より長くても、愛人に相続権はない。子は½を頭数で等分する。愛人の子は非嫡出子だが、嫡出子と同等の相続分となる。

ケース7 妻と被相続人の父母の場合

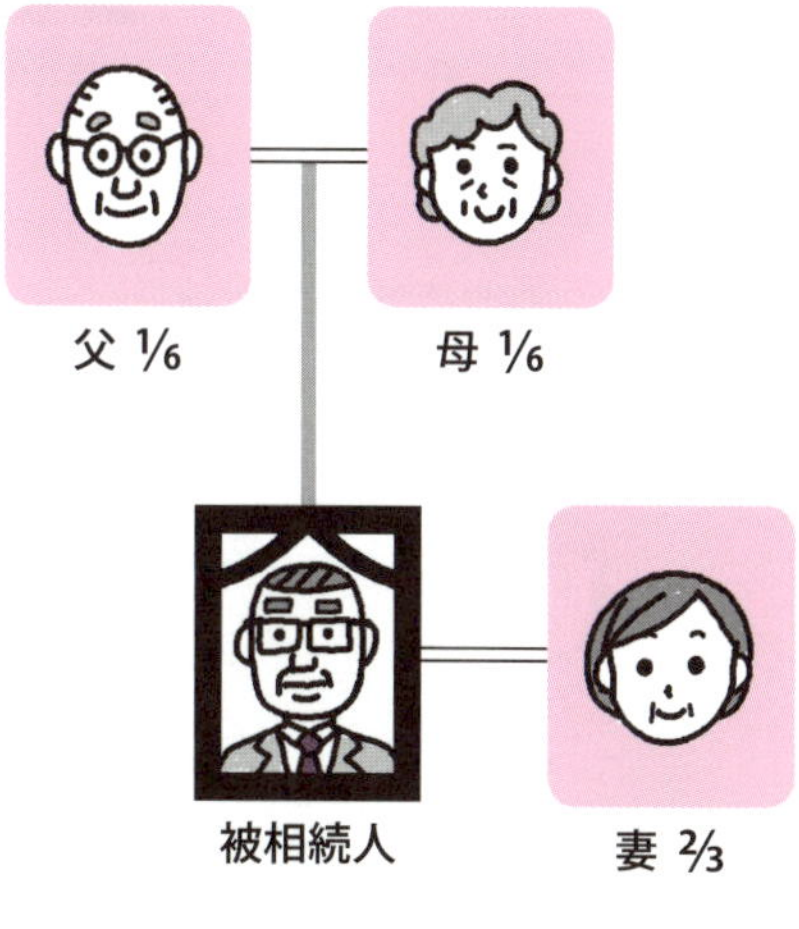

妻と父母の場合は、配偶者である妻は⅔、父母が⅓を等分する。被相続人の父母のうち１人しかいない場合は、その人が⅓を相続する。

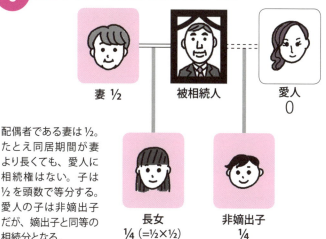

ケース8 妻と被相続人の兄、甥・姪（代襲相続人）の場合

妻と被相続人の兄弟姉妹の場合、配偶者である妻は ¾、兄弟姉妹が ¼ を頭数で等分する。兄弟姉妹が死亡している場合は、甥・姪が代襲相続する。

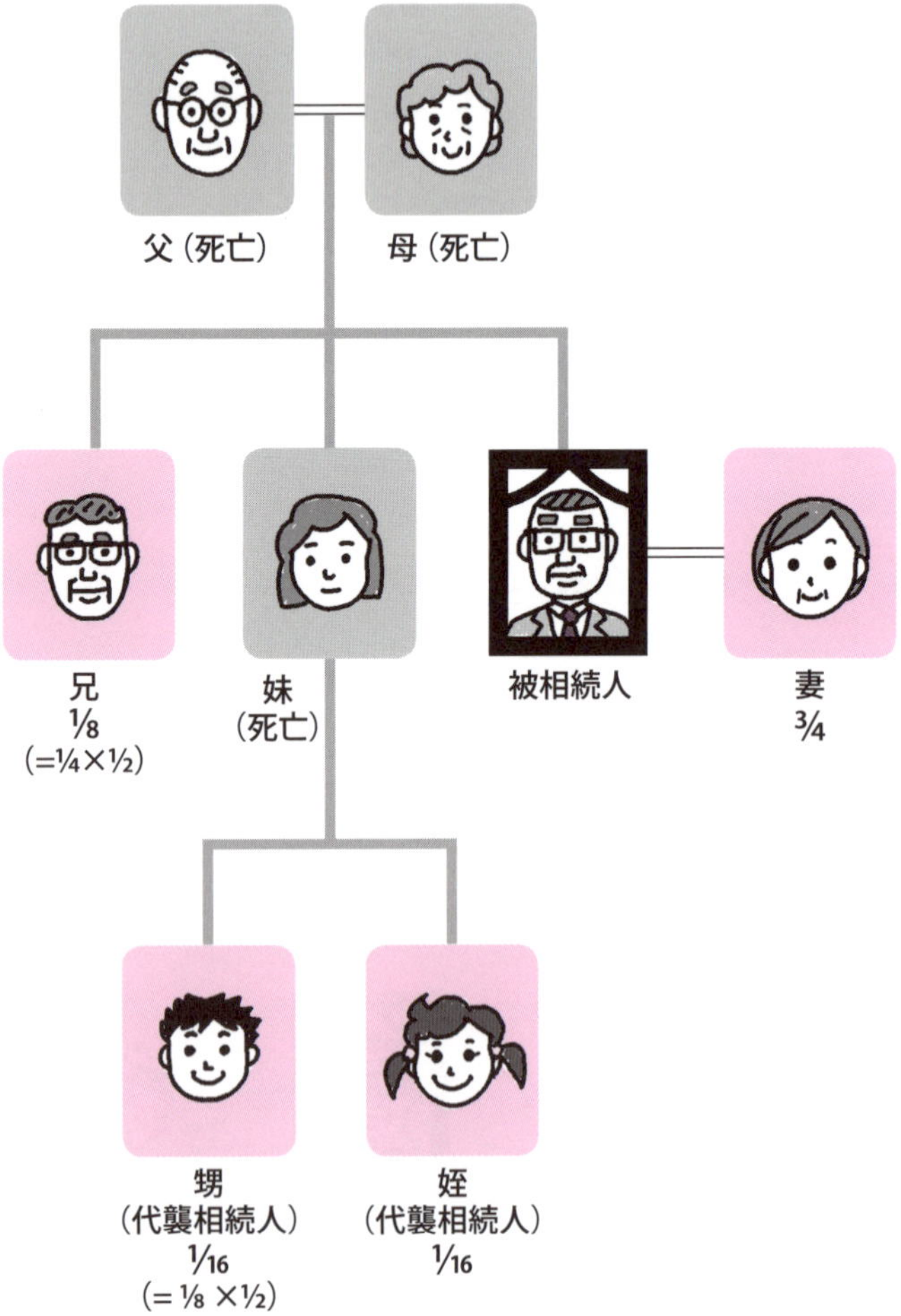

ケース 9 子2人、孫（代襲相続人）の場合

すでに配偶者が亡くなっていて、子がいる場合は子がすべてを相続し、頭数で等分する。子が死亡している場合は、その子（孫）が代襲相続する。被相続人に親や兄弟姉妹がいても相続人にはならない。

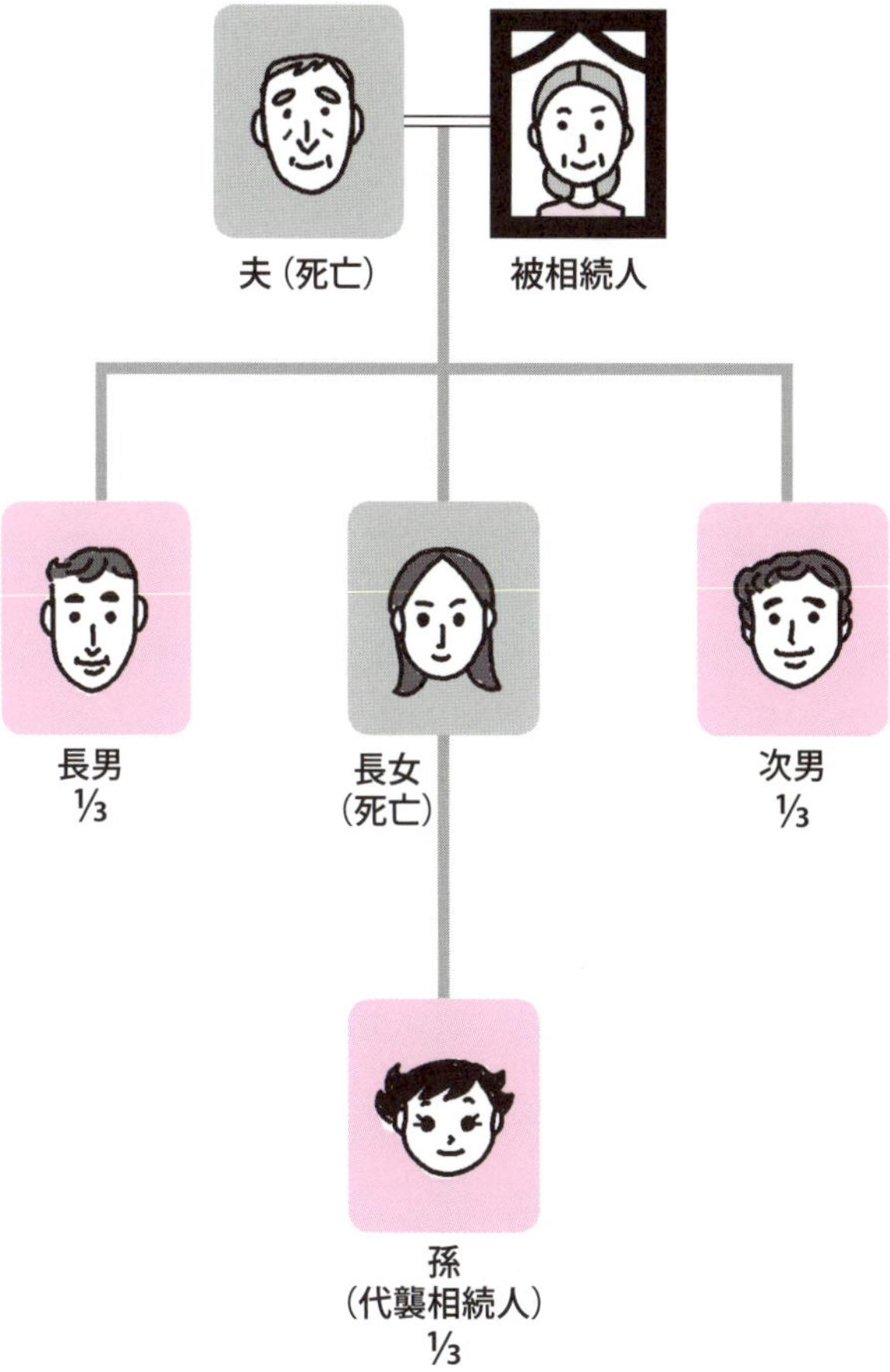

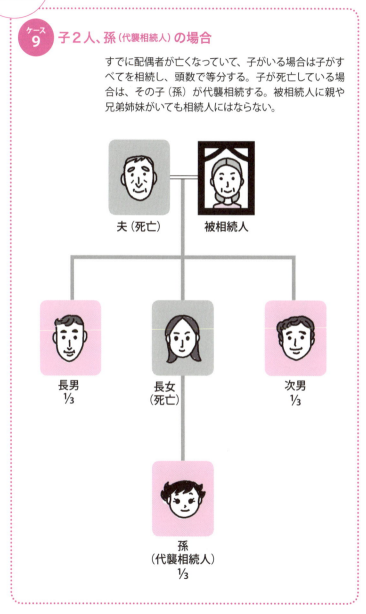

遺族が最低限度相続できる割合が法律で決められている

相続人の権利と利益を守る「遺留分」

民法では遺族の法定相続人としての権利や利益を守るために、遺族が相続できる最低限度の相続分を「遺留分」という形で規定しています。

遺留分が認められる範囲

遺留分が認められているのは、被相続人の配偶者、直系卑属（子、孫、ひ孫）、直系尊属（父母、祖父母、曾祖父母など）についてだけです。被相続人の兄弟姉妹には認められていません。

たとえば、遺言に「妻に全財産を相続させる」とあり、相続人が配偶者と被相続人の子ども2人の場合……（次ページへ）

遺族が相続できる最低限度の相続分

遺産相続では「法定相続よりも遺言による相続が優先される」という大原則がありますが、ここで注意しなければならないのが「遺留分」です。

たとえば、「全財産を長男に相続させる」など、特定の相続人に譲るといった内容や、相続人以外の第三者にすべての財産を譲る、といった内容の遺言であった場合、遺言に従うと本来は遺産を受け継ぐ権利のある人が、まったく受け取れないことになってしまいます。

重要！ **遺族には最低限度受け取れる相続分「遺留分」がある。遺留分は親や子、孫などだけに認められている。**

続人の兄弟姉妹の場合、兄弟姉妹には遺留分はないので相続の権利を主張することはできません。

遺留分の割合は相続人がだれかということと、その組み合わせ（47ページ参照）によって異なります。

遺留分侵害額請求権

被相続人が特定の相続人や第三者に贈与または遺贈（48・136ページ参照）をし、それによって相続人の遺留分が侵害された場合、侵害された相続人は、贈与または遺贈を受けた相手に対して遺留分侵害額に相当する金銭の支払いを請求することができます。

たとえば、相続人が被相続人の長男、長女の二人で、遺言には「長男に全財産を相続させる」とあった場合、長女は長男に自らの遺留分である遺産の４分の１に相当する額の金銭の支払いを請求する権利があります。

この権利を「遺留分侵害額請求権」といいます。（遺留分の侵害額請求の仕方については78ページ参照）

ただし、遺留分を侵害する内容の遺言であっても、侵害された相手から遺留分の侵害額請求がなされなければ、相続は遺言どおりに行われます。

遺留分放棄は本人の意思で

遺留分の放棄は相続人本人の意思でなければできません。遺言に「遺留分の放棄をすること」と書いてあっても法的には無効です。

遺留分の放棄は、相続開始後（被相続人の死後）であれば、自由にすることができます。

遺留分は被相続人が生きている間にも放棄することはできますが、その場合は、推定相続人（まだ、相続が始まっていないので、相続人になるはずの人）本人が、家庭裁判所に申し出て許可を得なければなりません。

遺留分算定のための財産は生前贈与も対象に

遺留分を算定するための財産の価額には遺産だけでなく、生前贈与の額も含まれます。

第三者への生前贈与は原則として1年以内になされたものが対象です。相続人に対する生前贈与は、特別受益に該当する贈与(64ページ参照)で、10年以内になされた贈与が対象です。ただし、いずれも贈与する側と受ける側の双方が遺留分を侵害していると知ってなされた場合は、期限より前にされたものであっても対象になります。

相続人の組み合わせと遺留分の割合（例）

相続人	遺留分の割合	被相続人が自由にできる割合
配偶者のみ	配偶者 ½	½
配偶者と子ども１人	配偶者 ¼、子 ¼	½
配偶者と子ども２人	配偶者 ¼、子 ⅛、子 ⅛	½
配偶者と被相続人の父母	配偶者 ⅓、被相続人の父 1/12、被相続人の母 1/12	½
子１人	子 ½	½
子２人	子 ¼、子 ¼	½
被相続人の父母のみ	被相続人の父 ⅙、被相続人の母 ⅙	⅔

※相続人が被相続人の兄弟姉妹のみの場合は遺留分はないので、すべて被相続人の自由にできる。
※相続廃除をされた人、相続欠格の人、相続放棄をした人には遺留分侵害額請求権はない。

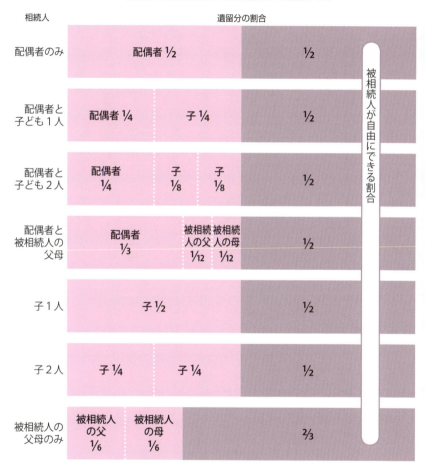

遺言によって財産を贈与する遺贈

遺贈とは？

遺言による贈与が遺贈

遺言により財産を贈与することを遺贈《いぞう》といいます。遺贈は相続人に対してもできますし、相続権を持たない人や法人などに対してもできます。

遺贈により財産を受け取る人を「受遺者《じゅいしゃ》」といいます。

遺贈は遺言書作成の際に、受遺者に通知する必要はありません。

特定遺贈と包括遺贈

遺贈には特定の財産を遺贈する「特定遺贈」と遺産の全部や何割かを譲るといった遺産に対する割合で指定する「包括遺贈」があります。

相続人以外の人に包括遺贈をする場合、包括遺贈を受けた人（包括受遺者）は、財産に対して相続人とほとんど同じ義務と権利を持つことになります。

たとえば遺言に「長男の嫁、○子に財産の2割を譲る」と記してあれば、○子は相続人ではありませんが、相続人とほとんど同じ義務と権利を持つことになります。つまり包括受遺者は、プラスの財産のみでなく借金などのマイナスの財産

重要！

遺贈は相続権を持たない人や法人にもできる。遺贈の放棄は遺言者の存命中にはできない。

も指定された割合で受け継ぐことになるのです。

また、受遺者は相続人全員による財産の分割協議に参加することができます。

遺贈は遺言者の死後、放棄できる

遺言は遺言者が亡くなったときから効力が生じるので、遺言者（被相続人）が生きている間は遺贈を放棄することができませんが、死亡後には放棄ができます。受遺者が遺贈を放棄した場合、財産は相続人が受け取ることになります。

たとえば遺贈された財産に対する相続税が負担に思えるような場合や、包括遺贈でプラスの財産よりマイナスの財産のほうが多い場合などは、遺贈を放棄すればよいのです。

包括遺贈の放棄は裁判所に申し立てを

特定遺贈の放棄には特別な手続きは必要ありません。遺言者の死後、相続人や遺言執行者などの遺贈を行う義務を持つ人に通知すればよいのです。

包括遺贈の放棄は、相続放棄と同様に家庭裁判所に申し立てる必要があります。ただし、いったん放棄したら原則的に取り消すことはできません。

また、受遺者が遺言者よりも先に亡くなった場合は、受け取る権利は消滅します。受遺者に子どもや親がいても、その権利を相続することはできません。

相続

Q&A

Q 相続人が資格を失うのはどんなとき？

A 被相続人の殺害にかかわったり、遺言書を変造、破棄したときなどです

相続人が相続人としての資格を失うことを「相続欠格」といいます。相続欠格となるのは、次のような人です。

❶被相続人を殺したり、自分より先または同順位にいる相続人を殺したり、殺そうとして刑に処せられた者。

❷被相続人がだれかに殺されたことを知っていながら、犯人を告訴・告発しなかった者。ただし、その者に是非の弁別がない（判断力がない）とき、または、その犯人が自己の配偶者もしくは直系血族であったときは該当しない。

❸被相続人をだましたり脅したりして、被相続人が遺言書を書こうとしたり、遺言の取り消しや変更をしようとすることを妨害した者。

❹被相続人をだましたり脅したりして、被相続人の意に反して遺言書を書かせたり、遺言の取り消しや変更をさせた者。

❺被相続人の遺言書を故意に偽造したり、変造したり、破棄・隠匿した者。

また、相続人の廃除がなされた場合も相続人にはなれません。なお、相続欠格や相続廃除された人に子があるときは、その子が代襲相続できます。

Q 子どもの相続権を奪うことはできる？

A 家庭裁判所に「相続人廃除」を申し立て、認められる必要があります

遺留分を有する推定相続人（相続人になるはずの人）が被相続人となる人を虐待したり、重大な侮辱を与えた場合や、推定相続人にその他の著しい非行があった場合に、推定相続人の相続権を奪うことができます。これを「相続人の廃除」といいます。

相続人の廃除は、被相続人となる人が生前に家庭裁判所に「推定相続人廃除」の申し立てをし、調停または審判を受けます。廃除の理由によっては認められないこともあります。なお、いったん行った廃除は取り消すこともできます。

相続人の廃除と廃除の取り消しは、遺言によって行うこともできます。遺言による廃除や廃除の取り消しの場合は、死後、遺言執行者が家庭裁判所に申し立てをします。

Q 養子として家を出ると、実父母の相続人になれない？

A 一般養子制度では実父母と養父母の両方の相続人になります

養子には一般養子制度による養子（普通の養子）と、特別養子制度による養子があります。

一般養子制度で養子となった場合は、養父母の嫡出子としての身分を得ますが、実父母や実父母の親族との関係もそのままつづきます。なので、養父母の相続人になるとともに、実父母の相続人にもなります。相続人としての順位も実兄弟姉妹と同じです。

特別養子制度は両親と家庭に恵まれない子のための制度で、養子縁組には厳しい条件があり、家庭裁判所の審判が必要です。特別養子制度では、養子は実父母や実父母の血族とも完全に縁が切れ、養父母の実子として扱われます。特別養子制度で養子となった場合は、実父母の相続人にはなれません。

Q 婿養子になると、妻の両親の遺産を相続できる？

A 妻の両親と正式な養子縁組をしないと相続できません

結婚するときに女性の姓を選んだ場合、夫となった男性を婿養子と呼ぶことがありますが、婚姻関係を結んで姓を名乗っただけでは妻の両親と法律上の親子関係はありません。

したがって、妻の姓を名乗っていても妻の両親の財産を相続することはできません。

相続人となるためには、妻の両親と正式に養子縁組をする必要があります。妻の両親から見ると、娘婿に財産を相続させたいなら、娘婿と正式に養子縁組をしなければなりません。

「配偶者居住権」の創設

●配偶者の居住権を保護する法律

2018年の法改正で「配偶者居住権」が創設されました。2020年4月1日から施行されます。

配偶者居住権とは、配偶者が相続開始時に被相続人が所有する建物に住んでいた場合、配偶者は遺産分割において「配偶者居住権」を取得することにより、終身または一定期間、その建物に無償で住むことができるようになる権利です。配偶者であれば自動的に権利が得られるものではありません。配偶者居住権は遺産分割協議、遺産分割調停、遺贈・死因贈与、家庭裁判所の審判などにより、取得が認められなければなりません。

これまでは夫が亡くなったあと夫名義の家に住んでいた妻が、遺産分割のために家を売らなければならず、住んでいた家で暮らせなくなるようなことがありました。また家を相続したために預貯金は子など、ほかの相続人が受け取ることになり、住むところはあるものの生活費が足りなくなる、といったこともありました。そういった配偶者を保護するための制度です。

たとえば遺産が自宅不動産2000万円と預貯金3000万円、計5000万円で妻と子が相続人の場合、法定相続分は½ずつなので、各相続分は2500万円です。これまでは妻が自宅不動産を相続すると、妻が相続する現金は500万円でした。

改正により自宅不動産は配偶者居住権と負担付き所有権に分かれます。1000万円の配偶者居住権を妻が、1000万円の負担付所有権を子が取得すると、預貯金は1500万円ずつ相続する、という形になります。

なお、配偶者居住権は相続が開始したとき、被相続人が配偶者以外の者と建物を共有していた場合には適用されません。

●もう一つの配偶者保護「配偶者短期居住権」

改正では「配偶者短期居住権」という権利も創設されました。配偶者が相続開始時に遺産に属する建物に住んでいた場合、遺産分割が終了するまでの間（最低6カ月）は、無償でその建物を使用することができる権利です。建物が第三者に遺贈された場合も最低6カ月は無償で建物を使用することができます。

第三章

遺産相続の方法

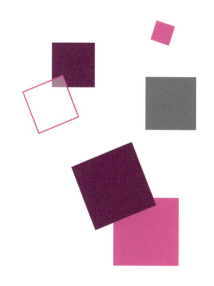

不動産や預貯金のほか、借金、ローンも対象に

相続の対象となる財産

対象になる財産とならない財産がある

相続人が複数いる場合、相続が開始されると相続財産は分割が確定するまで相続人全員の共有となります。

相続が始まったら、相続人の確定とともに始めなければならないのが、相続財産にはどのようなものがあるかを確認する作業です。

財産には相続の対象となる財産と、ならない財産があります。

相続の対象になる財産には、まず、「被相続人が生前所有していた土地、家屋などの不動産、現金・預貯金、株式などの有価証券、貴金属・宝石類、書画・骨董《こっとう》、家財道具のほか、借地権、借家権などの

相続の対象となる財産・ならない財産

相続の対象となる財産		相続の対象とならない財産
プラスの財産	マイナスの財産	
土地・家屋・借地権・借家権・預貯金・有価証券・現金・債権・金銭債権・ゴルフ会員権（一部例外あり）・家財・自動車・書画・骨董・宝石・貴金属類・特許権・著作権など	借金・買掛金・借入金・住宅ローン・未払いの月賦・未払いの税金・未払いの家賃・未払いの地代・未払いの医療費・連帯保証人としての債務・損害賠償の債務など	香典・生命保険金・死亡退職金・遺族年金・祭祀財産など

重要！

相続の対象になる財産にはプラスとマイナスの財産がある。香典や墓地、墓石は対象にならない。

権利」などのプラスの財産があります。そして「借金や住宅ローン、未払いの税金などのほか、連帯保証人としての債務、損害賠償の債務」など、マイナスの財産ともいうべきものもあります。

香典、祭祀財産は対象にならない

相続の対象にならない財産は、故人の葬儀の際に受け取った「香典」、「生命保険金」、故人の「死亡退職金」、遺族が受け取る「遺族年金」、「祭祀《さいし》財産（墓地・墓石・仏壇・仏具など）」などです。

香典は、喪主に贈られたものとみなされるため、相続の対象になりません。

祭祀財産は、祭祀承継者が単独に引き継ぐものとされ、相続の対象にはなりません。

生命保険金・死亡退職金・遺族年金

生命保険金は受取人が指定されている場合は指定された受取人固有の財産になるので、相続の対象にはなりません。

死亡退職金は故人の生前の賃金のあと払い分でもあると考えるとともに、遺族の生活保障のためのものと考えます。支払われた死亡退職金は受給権のある遺族の固有の財産となり、相続の対象とはみなされません。受給の権利は会社の就業規則や法律で決められている場合もあります。

遺族年金も受給者の個別の財産となるので、相続の対象にはなりません。

相続の方法は相続開始後3カ月以内に決める

相続の方法　単純承認・限定承認

すべて無条件で相続する「単純承認」

プラスもマイナスも合わせて、被相続人が残した財産のすべての権利と義務を無条件で受け継ぐことを「単純承認」といいます。

相続開始後（自己のために相続の開始があったことを知った日から）、3カ月以内に単純承認の意思表示をするか、限定承認や相続放棄の手続きをしなければ、単純承認したものとみなされます。

相続人が遺産の一部であっても、相続の発生を知りながら隠したり処分したり、悪意で財産目録に加えなかったりすると、単純承認になってしまうので注意が必要です。

たとえば、相続人の一人がかってに現金を使ってしまったりすると、マイナスの財産が多くても相続放棄（58ページ参照）ができなくなってしまうことがあります。

相続人を保護するための「限定承認」

相続ではプラスの財産だけでなくマイナスの財産も引き継ぐことになるので、場合によって多大な借金を背負ってしま

重要！ **プラスもマイナスもすべてを無条件で受け入れるのが「単純承認」。「限定承認」を選択する人はほとんどいない。**

うこともあります。

このような場合に相続人を保護するために「限定承認」と「相続放棄」の制度があります。

債務などのマイナスの財産も引き継ぐが、それは引き継いだプラスの財産の限度内で弁済する、というのが限定承認です。自分の財産を使って債務の弁済にあてる必要はなく、引き継いだプラスの財産で債務を返済したあと、財産が残れば、それを相続することができます。

マイナスの財産がプラスの財産より多いか少ないか、すぐには判断がつかないときには限定承認の選択も考えられます。

相続人全員の合意が必要

限定承認は相続人全員の合意が必要で一人でも反対の人がいれば認められません。ただし、相続放棄をした人がいる場合は、その人を除いた相続人全員で限定承認をすることができます。限定承認は手続きが複雑なこともあり、実際に選択する人はあまりいません。

限定承認は自己のために相続の開始があったことを知った日から（通常、相続開始から）３カ月以内に被相続人の住所地の家庭裁判所に申し立てをしなければなりません。

初めから相続人とならなかったとみなされる相続放棄

相続を放棄するとき

相続放棄は法的手続きが必要

マイナスの財産のほうが多いとわかっていたり、遺産相続を辞退したかったりする場合は相続放棄をすることができます。相続放棄は相続権を放棄することで初めから相続人とならなかったとみなされる制度です。相続放棄には法的な手続きが必要です。手続きをすることで、遺産に関する一切の権利も義務も放棄することになります。

手続きをせず、自分以外の相続人に「遺産はいらない」「相続は放棄する」と口頭や文書で伝えただけでは無効です。

家庭裁判所に申し立てる

相続放棄は相続人各自が個別にできます。相続放棄は自己のために相続の開始があったことを知った日から（通常、相続開始から）3カ月以内に、被相続人の住所地の家庭裁判所に申し立てをします。相続放棄が本人の意思であることが認められると受理されます。

相続放棄をすると、原則として撤回することはできません。また、その直系卑属の代襲相続もできなくなります。

重要！ 相続放棄をするには3カ月以内に家庭裁判所に申し立てを。相続放棄の撤回はできない。

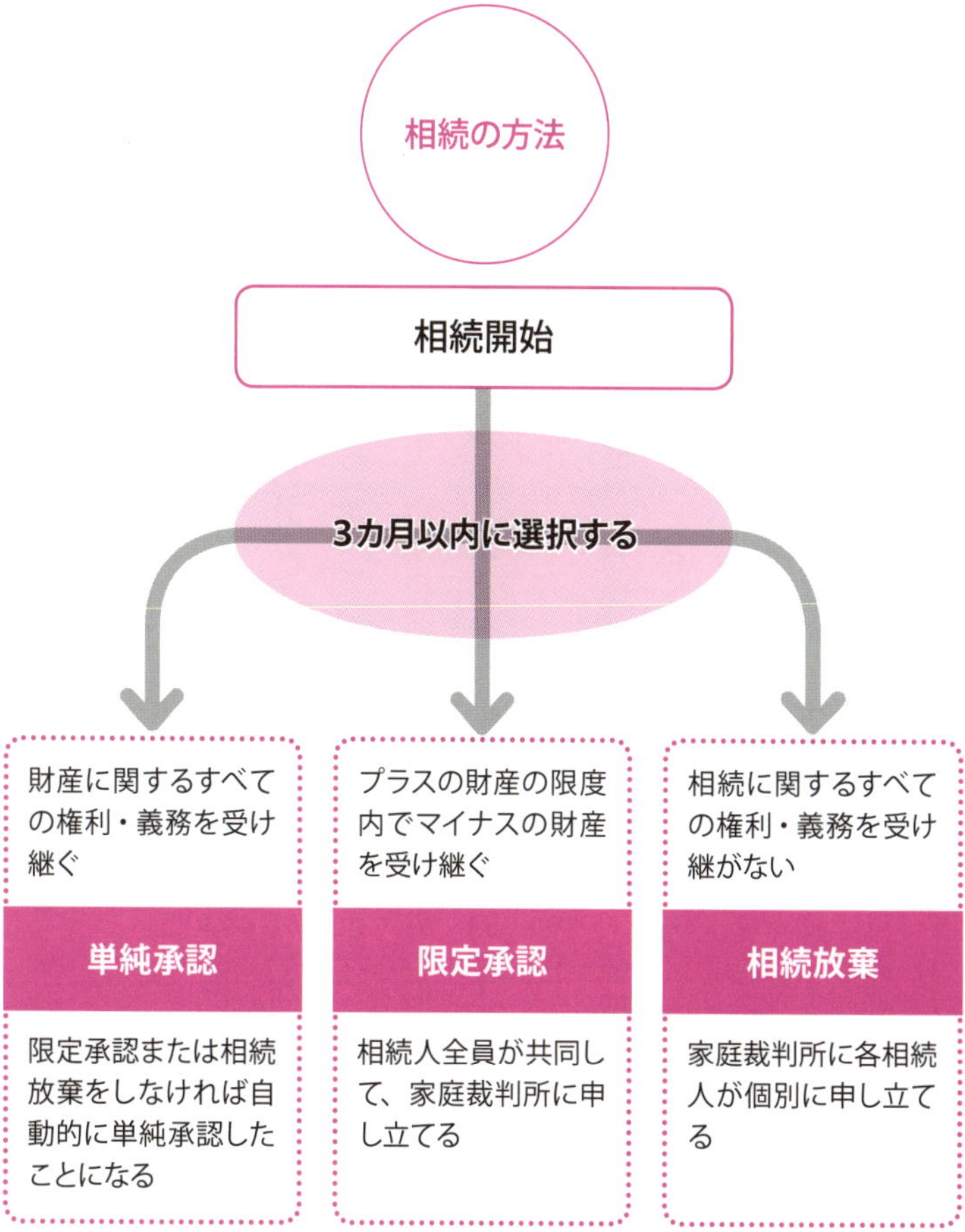
相続の方法
相続開始
3カ月以内に選択する
財産に関するすべての権利・義務を受け継ぐ
単純承認
限定承認または相続放棄をしなければ自動的に単純承認したことになる
プラスの財産の限度内でマイナスの財産を受け継ぐ
限定承認
相続人全員が共同して、家庭裁判所に申し立てる
相続に関するすべての権利・義務を受け継がない
相続放棄
家庭裁判所に各相続人が個別に申し立てる

すべての財産の一覧表を作る必要がある

財産を調べて財産目録を作る

種類別の一覧表を作る

遺産を分割するにも相続税の計算をするにも、財産の内容が明らかになっている必要があります。相続放棄や限定承認の申し立てにも財産の内容を明らかにしなければなりません。

財産は、土地、建物、預貯金、有価証券などのプラスの財産とともに、借入金や未払い金などのマイナス財産も、すべて種類別にして一覧表（財産目録）を作ります。

財産目録の作成に決まりはありませんが、相続税の申告の際にあたっては、相続財産にもれがないかが重要なので、できるだけこまかく作っておきましょう。

預貯金以外の財産は評価額も調べて記載します（94ページ参照）。

プラスの財産のリストアップ

土地は自宅敷地、貸付地、事業用地、農地、私道など、建物は自宅建物、貸家、事業用建物など。権利証や登記事項証明書などを確認します。

預貯金や有価証券、株式等は金融機関・証券会社等に照会し、残高証明書や取引

重要！ 遺産分割、相続放棄、相続税の申告・納税など、財産を明らかにすることが必要。財産の評価額も調べる。

明細書を発行してもらいます。照会の際には、問い合わせする人が相続人であることを示す必要があります。

その他、自宅にあった現金や家財道具一式、生命保険に関する権利、定期金（個人年金）に関する権利、確定申告の還付金（前年度分）、準確定申告の還付金、医療費控除の還付金、給与・賞与の未収金、書画・骨董《こっとう》、貴金属、自動車、電話加入権、ゴルフ会員権など。

被相続人が亡くなる前に医療費の支払いのためなどに、被相続人の口座から家族が引き出した現金があれば、忘れずリストアップします。

マイナスの財産のリストアップ

銀行ローンなどの借入金、クレジットで購入し、支払期日がきていないものなどの未払い金、未納分の税金、死亡後に払った医療費、葬儀費用などを、一覧表にしておきます。

預金や株式の「名義借り」のチェックを

故人が生前、家族の名前を借りて預金をしていたり、株式を家族の名義にしていたなどの場合、名義人が名前を貸した事実を知らなかったり、利子などの利益を得ていなければ、その預金や株式は故人の財産となります。

このような預金や株式も、忘れずに故人の財産としてリストアップしましょう。もしも名義人の財産とされると、故人から名義人への贈与があったとみなされ、金額によっては贈与税を納めなければなりません。

遺産をだれにどのように分けるかを話し合う

相続人全員で分割協議を行う

遺産をどう分けるか話し合う

遺産をだれにどのように分けるかを話し合う遺産分割協議は、代襲相続人や法定代理人、包括受遺者も含めて、相続人全員で行わなければなりません。

一人でも不参加の場合は協議が成り立ちません。相続人に行方不明者がいる場合は、不在者財産管理人（30ページ参照）が必要です。未成年者がいる場合は法定代理人が参加します。認知症などで判断能力がない場合は、成年後見人が必要です。

分割協議は具体的には、相続人全員が一堂に会して話し合いをする方法もあれば、あらかじめ書類による分割案を作成し、各相続人に郵便などで送り、内容を検討して全員の合意をとる方法などがあります。

分割協議に決められた期限はありませんが、相続税の申告期限が相続開始後10カ月以内なので、分割協議はそれ以前に終わらせたほうがいいでしょう。

遺産の分け方

遺産を実際に分けるには、大きく分け

重要！

相続人の一人でも不参加だと遺産分割協議は成り立たない。認知症の人には成年後見人を選任する。

て三つの方法があります。「現物分割」「換価分割」「代償分割」です。

「自宅の土地と家は配偶者、預貯金は長男」というように、個々の財産を各相続人に割り振る方法を「現物分割」といいます。

遺産が家や土地のような不動産のみで分割できない場合や、各相続人に現物で割り振れるほど種類がない場合は、遺産を売却し、その代金を分割します。「換価分割」といいます。

遺産のほとんどが不動産や事業資産、農地などのとき、後継者となる相続人の一人が単独で相続し、ほかの相続人の相続分を自分の財産から支払う方法もあります。これを「代償分割」といいます。

建物や土地などを相続人の複数が共同で相続し、共有財産とすることもできます。

相続人が認知症の場合

相続人が認知症などで、判断能力が不十分な状況であっても、その相続人抜きで分割協議を行うことはできません。

この場合は、家庭裁判所に申し立てをして「成年後見人」（114ページ参照）を選任してもらい、協議に加わってもらいます。

遺産の分割には生前贈与も考慮に入れる

特別の利益を受けた「特別受益者」

生前贈与分は特別受益になる

被相続人から遺贈を受けたり、被相続人の存命中に特別な贈与を受けたりしたなど、特別の利益を受けた相続人を「特《とく》別受益者《べつじゅえきしゃ》」といいます。

相続人の中に特別受益者がいる場合、特別受益分（遺贈や贈与を受けた財産分）を考えずに遺産を分割すると、他の相続人との間に不公平が生じます。たとえば、被相続人の長男と長女が相続人で、長男は被相続人の生前、住宅資金の援助として2000万円を贈与され、長女は何も贈与を受けていなかった場合。長男と長女で遺産を法定相続分の2分の1ずつ分けたのでは不公平が生じます。

民法では、何も贈与されなかった相続人との公平を考えて、特別受益分を相続財産の前渡しとみなし、相続財産の価値に加えたうえで特別受益者の相続分から差し引きます。これを「特別受益の持ち戻し」といいます。相続分から特別受益を差し引いた結果、他の相続人の遺留分を侵害している場合は、侵害された分に相当する額の金銭を他の相続人に支払わ

重要！ 特別受益は相続財産の前渡し。相続人同士の不公平が生じないように遺産分割には「特別受益」を考慮する。

なければならないこともあります。

特別受益の対象となる贈与は、結婚、養子縁組のための費用、独立開業資金などの援助、多大な学費、住宅資金の援助などです。特別受益者が受けた贈与は、相続開始時の評価額に換算されます。

特別受益の持ち戻しの免除

ただし、特別受益者以外の相続人全員が遺産の分割に際して、「特別受益分は考慮しない」と認めた場合は、財産に含めなくてかまいません。また、被相続人の遺言書に「特別受益の持ち戻しは免除する」と書いてあった場合は、持ち戻しは免除されます。

また、２０１８年の法改正により、結婚20年以上の夫婦間で居住用不動産の遺贈または生前贈与がされた場合は被相続人の持ち戻しの免除の意思表示と推定され、特別受益とみなされなくなりました（２０１９年7月1日施行）。

特別受益者がいる場合の相続（例）

遺産　1億円

相続人　長男（特別受益者）生前贈与2000万円
長女　生前贈与 なし

一人分の相続財産
1億円（遺産）＋2000万円（生前贈与分）× ½
＝6000万円

各人の相続分
長男　6000万円－2000万円（生前贈与分）
＝4000万円
長女　6000万円

被相続人の財産の維持、増加に特別に貢献した人

「特別寄与者」と「寄与分」

特別貢献した相続人だけに認められる

民法には、相続人の中に被相続人の事業を手助けしたり、被相続人の療養看護に努めたりなどして、被相続人の財産の維持や増加に特別に貢献してきた人（特別寄与者という）がいれば、その人には法定相続分とは別枠で、寄与相当の相続分である「寄与分《きよぶん》」が認められる、という規定があります。

実際に寄与分が認められるのは、その人の特別な貢献によって被相続人の財産の維持ないし増加がはかられた、と客観的に判断されたときです。

被相続人と同居して世話をしたり、介護や看護に努めてきたりした場合でも、親子であれば扶養の義務があるので、通常の世話や介護は寄与とは認められません。

相続人同士で話し合う

寄与分を認めるか認めないか、認めるとしたらどの程度認めるかなどは、相続人同士の協議で決めます。ただ、話し合いでも、どれくらい寄与したかはなかなか客観的には判断しにくいために、トラブルになることも少なくありません。

重要！

特別寄与者として認められるには客観的な証拠が必要。相続人以外の親族の貢献も寄与に。

寄与した人が寄与分を主張するときには、寄与によってどれだけ被相続人の財産の維持や増加がなされたのか、客観的な資料（証拠）を示す必要があります。

寄与分が認められた場合は、相続財産から寄与分を差し引き、残りを相続財産として分割します。話がまとまらないときは、寄与した人が家庭裁判所に「寄与分を定める処分調停」の申し立てをします。当然ですが、この場合も客観的な証拠を明示する必要があります。他の相続人と比べて、親の世話や介護の負担が自分だけ大きかったという程度では寄与とは評価されないことが多いようです。

また、遺言に特定の相続人の寄与分について指定してあっても、法的な効力はありません。ただ、相続人同士の話し合いのときの参考にすることもあります。

「特別の寄与」制度の創設

２０１８年の法改正で相続人以外の被相続人の親族が無償で被相続人の療養看護などを行った場合には、相続人に対して金銭を請求できるようになりました。たとえば、「看護人を雇うかわりに義父の看護に務めた息子の嫁」は、義父が亡くなった場合、夫の兄弟姉妹などの相続人に金銭請求ができます。請求には期限があり相続開始および相続人を知った日から6カ月または相続開始から1年です（２０１９年7月1日施行）。

相続税の申告、財産の名義変更などにも必要

遺産分割協議書を作成する

トラブル防止のためにも作成を

相続人全員による遺産分割の話し合い（遺産分割協議）がまとまったら、「遺産分割協議書」を作成します。

遺産分割協議書の作成は義務ではありませんが、のちのちのトラブルを避けるためにも、また、相続税の申告や相続財産の名義変更などにも必要です。

相続税の申告において、「配偶者の税額軽減」（98ページ参照）などの相続税の税額軽減の特例を受けるには、遺産分割協議書の提出が必要です。

書式は自由。署名・実印押印を

分割協議書に決まった書式はありません。用紙の大きさも自由ですし、縦書き、横書き、手書き、パソコン使用、いずれでもかまいません。必要なのは、だれが、どの遺産を相続するのか、分割の内容が明確であることと、相続人全員の署名と実印による押印です。

相続人が未成年者の場合は分割協議に参加した法定代理人あるいは特別代理人が署名・押印します。

相続人の数だけ作成し、各自1通ずつ

重要！ 相続税の申告や財産の名義変更などに必要。相続人全員が署名し、実印による押印を。

保管します。

遺産内容は正確に記載

分割の内容を明確にするために、預貯金や不動産の分割に関しては、各項目をもれなく記載します。

不動産の場合は、権利証や登記事項証明書などを確認して登記されたとおりに記載しないと、登記ができず、分割協議書を作り直さなければならなくなるので注意が必要です。

遺産分割協議書作成後に財産が見つかったら？

遺産分割後に新たに財産が見つかった場合は、基本的には作成した分割協議書は無効になり、新たな財産を加えて作り直さなければなりません。また、その場合、新たな税負担が生じることもあります。

ただし、相続人全員が新たな財産の分割のみ追加で行うことに同意すれば、それでもかまいません。

遺産分割協議書には、作成後、発見されることを想定して、相続人全員の合意のうえで相続する人を決めておき、「以後、発見された財産は○○○○が相続する」という一文を入れておくと、新たに分割協議書を作り直す必要がありません。

遺産分割協議書の例

遺産分割協議書

被相続人　田中一郎（令和○年○月○日死亡）
本籍　東京都文京区○○町○丁目○番○
最後の住所　東京都文京区○○町○丁目○番地

被相続人田中一郎の遺産については、同人の相続人全員において分割協議を行った結果、各相続人がそれぞれ次のとおり遺産を分割し、取得することに決定した。

一　相続人田中春子が取得する財産

（1）東京都文京区○○町○丁目○番
宅地　弐百参拾五平方メートル

（2）右同所同番地　家屋番号六番
木造瓦葺二階建　居宅
床面積　壱階　八拾五平方メートル
弐階　四拾壱平方メートル

（3）右居宅内にある家財一式

（4）○○銀行○○支店の被相続人の定期預金
口座番号○○○○　壱口　壱千万円

預貯金は金融機関名、支店名、口座の種類、口座番号、金額を明記します。

土地や建物などの不動産は登記事項証明書の記載どおりに記載します。

被相続人の死亡日、本籍、亡くなったときの住所を記載して、被相続人を特定。

このような一文を入れておくと、分割協議後に遺産や負債が出てきても、分割協議書を作り直さなくてすみます。

二　相続人田中太郎が取得する財産

（1）○○株式会社の株式　五万六千株

（2）○○銀行○○支店の被相続人の定期預金
　口座番号○○○○　壱口　五百万円

三　相続人佐藤秋子が取得する財産

（1）○○社債　券面額　五百万円

四　右記に記載する遺産以外に被相続人の遺産および債務が発見された場合は、
　相続人田中春子が全部相続する。

　右のとおり相続人全員による遺産分割の協議が成立したので、これを証するために本書を作成し、左に各自署名・押印する。

令和○年○月○日

東京都文京区○○町○丁目○番地　相続人　田中春子　田中

東京都台東区○○町○丁目○番地　相続人　田中太郎　田中

神奈川県横浜市○○区○○町○丁目○番地　相続人　佐藤秋子　佐藤

押印には実印を使用します。

※分割協議書は縦書きでも横書きでもかまいません。
※協議書が複数枚に及ぶときは、用紙と用紙のとじ目に相続人全員の割り印（契印）が必要です。
※相続人が未成年者の場合は分割協議に参加した法定代理人あるいは特別代理人が署名・押印します。

話し合いができないとき、決裂したときは家裁の調停に

遺産分割協議でもめたら

遺産分割の調停を申し立てる

遺産分割のための話し合い自体ができなかったり、話し合いでもめてまとまらなかったりするときは、家庭裁判所に「遺産分割の調停」あるいは「遺産分割の審判」を申し立てることができます。

「調停」では、家事審判裁判官や調停委員の立ち会いのもとに、相続人が集まって話し合いをし、譲歩と合意を目指します。家事審判裁判官や調停委員はアドバイスをしてくれますが、結論は当事者が決定して相続人全員の合意で調停が成立します。

調停が成立すると調停調書が作成され、それには法的効力があるので、相手方が結論に従わないときは、強制執行ができます。

調停の申し立ては、相続人の一人、もしくは何人かが、残りの相続人全員を相手方として、相手方の住所地の家庭裁判所または当事者が合意で決める家庭裁判所に行います。

「審判」では分割が命じられる

「遺産分割の審判」では、家庭裁判所が

重要！

家庭裁判所に「遺産分割の調停」を申し立てることができる。申し立てにはさまざまな書類が必要。

分割を決定します。裁判所が事実調べ、証拠調べを行い、家事審判裁判官によって分割が命じられます。

申し立ては被相続人の住所地の家庭裁判所に行います。

「審判」による分割内容が不服な場合は、2週間以内に「高等裁判所」に即時抗告をして争うこともできます。

いきなり審判を申し立てることもできますが、調停に回されることが多く、調停が不成立（不調）となった場合は、自動的に審判に移行します。

「遺産分割の調停」申し立てに必要な主な書類

- □調停の申立書1通、およびその写しを相手方の人数分
- □当事者目録
- □被相続人の出生から死亡までのすべての戸籍謄本（戸籍全部事項証明書）
- □相続人全員の戸籍謄本（戸籍全部事項証明書）
- □被相続人の子（および代襲者）が死亡している場合は、その子（および代襲者）の出生から死亡までのすべての戸籍謄本（戸籍全部事項証明書）
- □相続人全員の住民票または戸籍の付票
- □遺産に関する証明書（財産目録、不動産登記事項証明書、固定資産税評価証明書、預貯金通帳の写しまたは残高証明書、有価証券の写しなど）
- □相続関係説明図
- □その他、相続人の構成によって必要な書類（裁判所に問い合わせを）

遺産分割後はできるだけ早く相続の手続きを

遺産分割後の手続き

名義変更や登記手続きを

だれがどの遺産を相続するかが決まったら、できるだけ早く名義変更など、財産の性質によって必要な相続の手続きをします。遺贈により相続した場合も、すみやかに名義変更の手続きをします。

預貯金の名義変更、解約、払い戻し

相続による預貯金の相続の手続きは、金融機関によって違いがあります。取引店舗や最寄りの支店に、名義変更や払い戻しなどの相続手続きを申し出て、手続き方法や必要な書類を教えてもらいましょう。

名義の書き換えには、一般的には金融機関所定の相続手続き関連用紙に、必要に応じて、預貯金通帳、キャッシュカード、遺産分割協議書、被相続人の出生から死亡までの戸籍全部事項証明書、相続人の戸籍全部事項証明書（除籍を含む）、相続人全員の印鑑証明書、相続関係を示す書類などを提出します。

遺言がある場合は、遺言書（自筆証書遺言の場合は家庭裁判所での検認ずみであることが必要）なども必要です。

重要！ 預貯金の名義変更には相続人全員の戸籍や印鑑証明が必要。借地権・借家権は貸主に相続を告げるだけでOK。

株式、債券、投資信託等の名義変更

証券会社や銀行の被相続人の口座をそのまま引き継ぐことはできません。相続人の口座に有価証券を移管することになります。相続人が口座を持っていなければ、新たに口座を開設します。

手続き書類は、遺言書があるかないか、分割協議書があるかないかなどで違ってきます。取引機関に相続手続きを申し出て、必要書類を教えてもらいましょう。

不動産の名義変更

分割協議により土地・建物などを取得したときは「相続による所有権移転登記申請書」を、その物件が所在する地域を管轄する地方法務局（登記所）に提出し、相続人の名義に変更登記をします（詳しくは76ページ）。

自動車の名義変更

自動車の名義変更は、陸運局・運輸支局で手続きをします。

分割協議の結果、単独で引き継ぐ場合、必要な書類は自動車検査証、被相続人の出生から死亡までの戸籍全部事項証明書、遺産分割協議書、相続人の印鑑証明書、実印、車庫証明書などです。

借地権・借家権

借地権も借家権も先方に相続した旨を通知すればよく、契約書を新たに作り直す必要はありません。相続するにあたって貸主の承諾を得る必要もありません。

登記手続きに期限はないが、トラブル防止のため早めに手続きを

不動産の相続手続き

登記手続きに期限はない

登記手続きに期限はありませんが、故人の名義のままにしておくと、トラブルのもととなったり、次の相続のときの手続きが煩雑になったりすることもあります。また、売却や抵当権の設定もできないので、できるだけ早く名義変更をしたほうがいいでしょう。

登記手続きには、本人または代理人が、直接、物件所在地の地方法務局（登記所）に出向く方法、郵送やオンラインを利用して申請する方法があります。通常、登記申請は「登記権利者」と「登記義務者」が共同で行いますが、相続の場合は「登記義務者」が被相続人で存在しないため、登記権利者である相続人が単独で申請できます。

登録免許税がかかる

相続人が複数で遺言書がない場合、申請には所有権移転登記申請書、被相続人の出生から死亡までの戸籍全部事項証明書（除籍を含む）、相続人の戸籍全部事項証明書、住民票、固定資産税評価証明書、印鑑証明書、遺産分割協議書、印鑑

重要！ **不動産の名義変更「登記手続き」に期限はないが、トラブル防止のためにも早めに手続きを。**

証明書などが必要です。

遺言による相続の場合や遺贈による相続の場合には、遺言書の写しなどの添付が必要です。

不動産の登記手続きには固定資産税評価額（時価）の０・４％の登録免許税がかかります。

申請書は、Ａ４用紙（長期保存できる上質紙など）に記載し、他の添付書類とともに、とじて提出します。書式の例は法務局や法務局のホームページで見ることができます。

自分で申請することもできますが、実際には司法書士を代理人として登記を依頼することが多いようです。司法書士に書類の作成、申請を依頼する場合は委任状が必要です。

不動産分割の話し合いがつかなかったら

話し合いがつかない場合は、とりあえず各相続人の法定相続分の持ち分で、共同名義にして登記することができます。

登記手続きは相続人であれば、だれでもできます。申請書の記入にあたっては、共同相続人全員を「登記権利者」とし、登記原因（理由）は「共同相続」となります。

後日、相続人が確定したときに、名義変更の手続きをします。この手続きでは、「登記権利者」は取得した相続人、他の共同相続人は「登記義務者」となり、登記原因は「遺産分割」となります。

ただし、この方法をとると、登記費用が余分にかかります。

Q 遺留分の侵害額請求をする方法は？

A 決められた手続きはありません。内容証明郵便を送りましょう

遺贈や贈与によって遺留分を侵害され、侵害している相手に「遺留分の侵害額請求」を行うときに、決められた手続きはありません。侵害している相手に「遺留分の侵害額請求」の意思表示をすればよいのです。

具体的には、遺産分割協議の際に請求する方法もありますが、侵害額請求には期限があるので、相手に内容証明郵便を送る方法がよいでしょう。

相手が応じない場合は、家庭裁判所に家事調停の申し立てをするか地方裁判所に訴訟を起こします。

侵害額請求は相続の開始および遺留分を侵害する贈与または遺贈があったことを知ったときから1年以内、相続開始後10年以内に行わないと請求権が消滅してしまいます。

2018年の法改正で、遺留分を侵害された人は侵害する額に相当する金銭の支払いを請求できるようになりました。これまでは、たとえば財産が不動産の場合、遺留分を請求すると不動産を共有する形になりましたが、金銭請求となり、共有を回避することができるようになりました（2019年7月1日施行）。

また、法改正では遺留分の侵害額請求を受けた人が、すぐに金銭を準備することができない場合、支払い期限の猶予を求めることができるようになりました。

■侵害された遺留分の計算

侵害された遺留分の額は次の計算で求めます。

遺留分算定の基礎となる財産（相続財産＋特別受益等） × 遺留分の割合 － 実際に受け取った相続財産＋特別受益額 ＝ 侵害された額

Q 司法書士や税理士に依頼できる内容は？

A 税理士は納税者にかわり、税務書類の作成、税金の申告などの実務を行ったり、税金に関する相談に応じてくれます。相続税や贈与税の計算、申告、納税が相続人自身では難しいと思われるとき、また相続税を納める必要があるかのかどうか判断がつかないときなどには、できるだけ早く相談しましょう。相続・贈与にあたってアドバイスを受けたいときには、相談だけでも受け付けています。

司法書士は裁判所や法務局（登記所）などに提出する書類の作成と提出、登記や供託などの代行をしてくれます。また、法律的なアドバイスも受け付けています。遺産分割協議書の作成や不動産の名義変更などの登記の際の書類の作成と代行、売買契約書や賃貸借契約書の作成などを依頼できます。また、相続人の中に未成年者がいる場合の「特別代理人選任の申し立て」や行方不明者がいる場合の「不在者財産管理人申し立て」の手続きの書類作成、裁判所への申し立て代行も依頼できます。

税理士も司法書士も料金に公的な規定はありません。依頼者との話し合いによって決められます。依頼する場合は、最初に料金についても確認し、契約書を交わしましょう。

◆日本税理士会連合会ホームページ
http://www.nichizeiren.or.jp

◆日本司法書士会連合会ホームページ
https://www.shiho-shoshi.or.jp

Q 弁護士に依頼するとき、費用に規定はある？

A 費用は弁護士ごとに違うので依頼時に確認を

弁護士の費用には依頼（契約）のときに支払う着手金、解決後に支払う報酬金のほか、手数料、日当、実費などがあります。

弁護士の費用に公的な規定はありません。それぞれの弁護士が自由に料金を決められるようになっています。費用は当事者間の争いの有無や仕事の難易度などによって変わってきます。弁護士事務所ごとに規定を作っているので、依頼するときには費用についての説明を受け、納得したうえで依頼しましょう。また、依頼の際には「委任契約書」を必ず受け取り、内容をよく確認しましょう。

なお、個人の初めての相談の料金は30分5000円～1万円が多いようです。

法律全般に関する専門家である弁護士には、遺言書の作成から執行、相続時のトラブル解決など、相続に関するさまざまな相談ができます。遺言執行者や公正証書遺言や秘密証書遺言作成時の証人を依頼することもできます。

◆日本弁護士連合会ホームページ
https://www.nichibenren.or.jp

相次相続控除とは

●短期間に相続が続いた場合

高齢の親が相次いで亡くなるなど、短期間に相続が続くことを相次相続といいます。相次相続では、通常の相続税の計算では相続人の負担が重くなるので、税の過重負担を避けるために設けられた控除があります。

相次相続控除は、前回の相続から10年以内に相続が続いた場合に適用されます。前回の相続（一次相続）の際に、今回の被相続人が財産を取得していた場合には、今回の相続（二次相続）によって被相続人の財産を取得した人の相続税から、相次相続控除として一定の金額が差し引かれます。差し引かれる金額は、一次相続から二次相続までの期間などによって異なります。

なお、相次相続控除は法定相続人の場合のみに適用されます。

遺産分割前の払い戻し制度

●相続人単独での払い戻し

これまでは遺産分割が終了するまでの間は、相続人単独では預貯金の払い戻しができませんでした。これだと遺族の生活費や葬儀費用の支払い、相続債務の弁済などのためにお金が必要でも相続人が立て替えるなどしなければなりませんでした。

2018年の法改正で、相続された預貯金について、遺産分割前にも払い戻しができるようになりました（2019年7月1日施行）。預貯金の一定額については、家庭裁判所の判断を経なくても金融機関の窓口において、共同相続人が単独で支払いを受けられるようになりました。単独で払い戻しができる額は、相続開始時の預貯金債権の額（口座基準）×⅓×払い戻しを行う共同相続人の法定相続分です。

たとえば相続財産の預貯金が600万円あり、相続人が被相続人の長男、長女の2人の場合、法定相続分は各½なので、600万円×⅓×½で100万円になります。ただし、一つの金融機関から払い戻しが受けられるのは150万円までです。

また、仮払いの必要性があると認められる場合は、他の共同相続人の利益を害しない限り、家庭裁判所の判断で仮払いが認められるようになりました。

第四章

相続税の申告

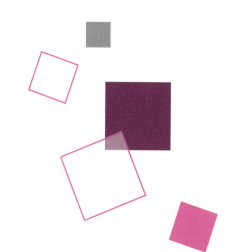

申告・納税が必要な場合は必要書類の入手を

申告は相続開始後10カ月以内に

申告は被相続人の住所地の税務署に

相続税の申告、納税は、相続を知った日（通常は相続開始の日・被相続人の死亡日）の翌日から10カ月目の日までに行わなければなりません。

期限を過ぎると税金が加算されるので注意が必要です。

たとえば被相続人が6月10日に死亡したとすると、申告および納税は翌年の4月10日までに行います。

相続税の申告書は被相続人が亡くなったときの住所地を所轄する税務署長に提出します。各相続人の住所地ではありません。

原則として相続税は金銭で一括して納付することになっています。相続税の納付は税務署のほか、最寄りの銀行や郵便局でもできます。

申告書類を準備する

税務署から相続税申告・納付が必要と推測されて、申告用紙や手引書、納付書などが送られてくる場合もあります。送られてきたからといって、申告・納税の必要があるとも限りませんし、書類が送

重要！ 申告期限の10カ月を過ぎると、税金が加算される。申告書は各自でも相続人共同でも提出できる。

られてくることがないからといって申告の必要がないとは限りません。

申告・納税が必要と思われる場合は、できるだけ早く、最寄りの税務署で必要書類を手に入れましょう。

申告は各自でも共同でもできる

申告書は相続人が各自提出することもできますし、相続人が共同で作成し、提出することもできます。

遺贈を受けた人と相続税

法定相続人でなくても、財産を遺贈（遺言によって財産を贈与すること・48ページ参照）された人や、「死んだらあげる」といった死亡後の贈与の約束により財産を贈与（死因贈与）された人にも、相続税が課せられます。

相続人と同様、申告・納税が必要と思われる場合は、相続開始後10カ月以内に行いましょう。

相続人に胎児がいる場合の申告・納税

相続人に胎児がいて申告期限までに生まれない場合には、いったん、その子がいないものとして相続税の計算をし、申告をします。無事、出産したあとに、その子を相続人として加えて、再度、相続税の計算をし、申告をします。

基礎控除額以下であれば、申告は必要ない

相続税の申告が必要ない場合

課税価格が基礎控除額以下の場合

相続税は遺産を相続した人のすべてが必ず納めなければならないものではありません。相続財産の課税価格（各相続人が取得した財産の課税価格の合計）が基礎控除額以下の場合には申告の必要がありません。

課税価格というのは、相続財産から債務や葬式費用、非課税財産を差し引き、みなし相続財産や生前贈与財産を加算した額です。

基礎控除額は「3000万円＋法定相続人一人につき600万円」です。

たとえば法定相続人が3人であれば「3000万円＋600万円×3」で基礎控除額は4800万円です。この場合、課税価格がこの金額以下なら、申告・納税の必要はありません。

法定相続人の人数

基礎控除額を計算するときの法定相続人の数は、相続放棄をした人がいても放棄する前の人数で計算します。

また、法定相続人に被相続人の養子がいる場合、法定相続人の人数として数え

重要！ **基礎控除額以下なら相続税の申告は必要ない。基礎控除額は、「3000万円+相続人1人につき600万円」**

られるのは被相続人に実子がいる場合は一人、実子がいない場合は二人までの人数です。特別養子縁組によって養子になった人、被相続人の配偶者の実子で被相続人の養子となった人、代襲相続によって相続人となった被相続人の孫やひ孫は、実子とみなされます。

■課税価格とは

相続または遺贈で受け継いだ財産
（本来の財産）
土地、田畑、山林、建物、業務用財産、有価証券、預貯金、家財、書画・骨董（こっとう）、ゴルフ会員権、自動車など。未収給与、未収賞与、未収退職金（いずれも死亡前に確定しているもの）

＋

みなし相続財産
生命保険金、死亡退職金、年金、年金保険契約に関する権利など

－

債務
借金、未払いの税金、死亡日までの所得税（準確定申告による）など

－

葬式費用
葬儀社、寺への支払い、通夜の費用など

－

非課税財産
生命保険金、退職手当金などの一定額、墓地、墓碑、特定の公益法人への寄付など

＋

生前贈与財産
相続開始前3年以内に被相続人から贈与された財産

＋

相続時清算課税適用財産

＝

課税価格

相続税の対象となる財産

課税対象になる財産を調べる

相続財産には相続税の課税対象になる財産と対象にならない財産があります。相続税の申告・納税の準備としては、まず、相続税の課税対象になる財産をリストアップし、その評価額について調べます。

課税の対象となる財産は、被相続人が亡くなるまで所有していた、土地（宅地、田畑、山林）、家屋、事業用財産、有価証券、預貯金、家具、書画・骨董《こっとう》、自動車、電話加入権などの「本来の財産」です。

そして、それ以外に「みなし相続財産」「相続開始前3年以内に生前贈与された財産」「相続時精算課税制度を利用した贈与財産（148ページ参照）」も課税される財産に加わります。

みなし相続財産とは

みなし相続財産とは、民法上の相続財産ではなく、分割協議の対象ではない財産ですが、被相続人が死亡したことによって発生し、取得することになった財産で、相続税においては申告しなければならないものをいいます。

重要！　相続開始前3年以内の生前贈与財産も相続財産に加算される。生命保険金などのみなし相続財産も加算される。

みなし相続財産とされるものには、次のようなものがあります。

●生命保険金、損害保険金

被相続人の死亡に伴って支払われる生命保険金、損害保険金、農業協同組合などの生命共済金や損害共済金も、被相続人が保険料や共済掛け金を負担していた場合は、相続税が課されます。

ただし、死亡保険金の受取人が法定相続人の場合、「500万円×法定相続人の人数の金額」は、非課税になります。

●死亡退職金、功労金、退職給付金など

在職中に死亡し、会社から遺族に支払われた死亡退職金、功労金、退職給付金といった退職手当金なども課税されます。

ただし、法定相続人が受け取った場合、500万円×法定相続人の人数の金額が、非課税になります。

●生命保険契約に関する権利

被相続人が保険料を負担し、被相続人以外の人が契約者となっている場合で、まだ保険事故が起きていない生命保険契約では被相続人の死亡時には保険金は支払われません。しかし、それまでに支払った保険料が被相続人の預貯金のように考えられ、相続税の課税対象になります。

たとえば保険料は夫である被相続人が負担し、妻が契約者となって子どもに生命保険をかけていた場合、夫が亡くなった時点では保険金は支払われませんが、

契約者である妻が生命保険契約における権利を取得するとして、その権利（被相続人の死亡時の解約返戻金相当額など）に課税されるのです。

●定期金に関する権利

生命保険会社などの個人年金のように、掛け金を積んだり、保険料を一時払いしたりして、ある一定の年齢になったときから定期的に年金が支給されるものを「定期金給付契約」といいます。

被相続人が掛け金や保険料を負担していた定期金給付契約で、契約者が被相続人以外であった場合は課税されます。また、被相続人が掛け金や保険料を負担していた定期金給付契約により、すでに定期金の支給がされていた場合で、被相続人が亡くなったことで遺族に定期金や一時金が支払われる場合にも課税されます。

●遺言によって受けた利益

被相続人の遺言によって次のような利益を受けたときにも、みなし相続財産として課税されます。

・信託の利益を受ける権利
・著しく低い金額で財産を遺贈された場合の利益
・債務の免除や債務の肩がわりにより受けた利益

加えられる生前贈与財産

●相続開始前3年以内の生前贈与

相続税の課税対象になる「相続開始前

３年以内に生前贈与された財産」とは、相続または遺贈によって財産を受け取った人が、被相続人が亡くなる前の３年以内に被相続人から贈与を受けていた財産のことで、その財産も相続税の課税価格に加算されます。

これは死因贈与も含み、生前贈与の価額が贈与税の基礎控除額（年間１１０万円）以下であっても加算されます。生前贈与が基礎控除額以上で、贈与税を納めていた場合は、その納めた贈与税の額は、相続税から控除されます。

ただし、この生前贈与財産のうち、贈与税の非課税財産および特定贈与財産は課税価格に加算されません。特定贈与財産とは、「贈与税の配偶者控除」（146ページ参照）の対象となる財産をいいます。

●相続時精算課税制度利用の贈与財産

相続時精算課税の適用者が被相続人から取得した相続時精算課税適用財産の価額は、相続税の課税価格に加算され、相続税がかかります。この価額は相続開始の価額ではなく、贈与時の価額です。

また、相続時精算課税制度の適用者が、相続や遺贈によって財産を取得しなかった場合も、被相続人から取得した相続時精算課税適用財産は、相続または遺贈によって取得したものとみなされ相続税がかかります。

祭祀財産や公益のために使うもの、生命保険金など

相続税の対象とならない財産

祭祀《さいし》財産や生命保険金、寄付など

相続の対象となる財産と、相続税の対象になる財産とは同一ではありません。相続や遺贈によって取得した財産でも、相続税の対象にならないものがあります。

相続税の対象にならない財産には、次のようなものがあります。

◆祭祀財産。墓地、墓石、仏壇、仏具など、日常の拝礼に使用するものです。ただし、骨董《こっとう》的価値があるもの、純金製のものなど、投資の対象となるようなものは相続税の対象になります。

◆宗教、慈善、学術その他、公益を目的とする事業を行う人で一定の要件に該当する人が取得した財産で、その公益のために使うことが確実なもの。

◆心身障害救済制度に基づく給付金の受給権。

◆生命保険のうち、法定相続人一人あたり500万円までの金額。相続人全員が受け取った保険金の合計額が「500万円×法定相続人の人数」以下の場合は、全額が非課税になります。

重要！ 祭祀財産は課税対象にならない。生命保険金・退職手当金には非課税額がある。

◆退職手当金のうち法定相続人一人あたり500万円までの金額。相続人全員が受け取った退職手当金の合計額が「500万円×法定相続人の人数」以下の場合は、全額が非課税になります。

◆勤務先からの弔慰金は、業務上の死亡の場合は死亡時の普通給与の3年分の相当額が非課税に、業務上の死亡でない場合は普通給与の半年相当分が非課税になります。

◆相続税の申告書の提出期限までに、国、地方公共団体、特定の公益法人などへ寄付した財産。ただし非課税の特例を受けるには、所定の書類の提出が必要です。

交通事故の損害賠償金

被相続人が交通事故の被害者で、加害者から遺族に損害賠償金が支払われた場合、その損害賠償金は相続税の対象とはなりません。損害賠償金は遺族の所得になりますが、所得税法上の非課税の規定があり、税金はかかりません。

被相続人が生前、受け取ることが決まっていた損害賠償金を受け取る前に死亡してしまった場合は、損害賠償金を受け取る権利（債権）が相続財産となり、相続税の対象となります。

借金や未払いの税金、葬式費用など

相続財産から差し引かれる財産

債務や葬式費用は財産から差し引く

被相続人から借金などの債務を引き継いだり、被相続人の葬式費用を負担したりした場合は、相続財産から差し引いて（控除して）相続税を計算します。

相続開始の際に国内に住所を有していない人は、葬式費用を控除できないなどの決まりもあるので、不明な場合は専門家や税務署に相談しましょう。

差し引かれる債務の種類

差し引かれる債務には、被相続人の借入金やまだ支払っていない品物の代金（買掛金）などの一般の債務のほかに、次のようなものがあります。

固定資産税や住民税など、被相続人が納めなければならなかった国税や地方税の未納分。死亡した年の分として納めることになった所得税、一定の条件にあてはまる保証債務や連帯債務など。

遺言執行にかかった費用は控除できません。

葬式費用の範囲

被相続人の葬儀に際して相続人が負担した費用のうち、差し引くことができる

重要！

借金や葬式費用は相続財産から引くことができる。葬式費用は領収書をそろえる。

ものには次のようなものがあります。

・寺などへの通夜、葬儀の謝礼。戒名料などの支払い。

・葬儀社、タクシー会社などへの支払い。

・通夜・葬儀にかかった費用。

・通常の範囲での手伝いの人への心づけ。

・納骨費用（会食費などは含まない）。

いずれも領収書をそろえて、相続税の申告の際にはコピーを提出します。心づけなど、領収書のないものは記録を残しておきます。

なお、葬式費用については、亡くなった人の職業や財産、その他事情に照らして相当程度と認められるものについてのみ、認められます。

墓地・墓石の購入費、香典返しの費用、葬儀後の初七日や四十九日の法要の費用などは葬式費用に含まれないので、差し引くことができません。

被相続人の医療費は？

死亡時までに支払った被相続人のための医療費は、被相続人の準確定申告で医療費控除とします。死亡後に被相続人の未払いの医療費を、相続により財産を取得した人が支払った場合は、被相続人の債務として債務控除ができますが、支払った人の医療費控除にはできません。また、相続によって財産を取得していない人が支払った場合は、その人の医療費控除の対象になります。

申告・納税のために財産の価値をはっきりさせる

財産を評価する

評価は国税庁の基本通達に従う

現金以外の相続財産は、その価値がはっきりしていないと相続税の計算ができません。相続税を算定するための相続財産の価値のことを、相続税評価額、といいます。相続税評価額は相続税法により、相続開始時点の時価で評価することが決められています。

ただし、時価については客観的な評価が難しいことや課税の公平性を保つために、国税庁では「財産評価基本通達」により財産の種類別の評価基準の指針を決めています。「財産評価基本通達」は国税庁のホームページで見ることができます。

不動産の評価額

土地は宅地、農地、山林などの種類によって評価方法が違います。また、同じ宅地でも市街地と郊外・農村部では、評価方法が異なります。

市街地にある宅地は「路線価」を基準として計算します（路線価方式）。路線価とは道路（路線）に面した標準的な宅地、1平方メートルあたりの価額のことで、市区町村ごとに各国税局が決め、毎年改定し公表しています。

路線価による宅地の評価額は基本的には「路線価×宅地面積（地積）」で求められますが、実際には宅地の形状や立地条件などに応じて調整を加えて評価額が決まります。実際の評価額は税務署や税理士などの専門家に尋ねるほうがいいでしょう。

路線価をまとめた路線価図は税務署や市区町村役所、国税庁のホームページなどで閲覧できます。

郊外や農村部の路線価が定められていない土地については、倍率方式で評価します。「固定資産税評価額」に国税庁に

■路線価方式による評価額の計算（例）

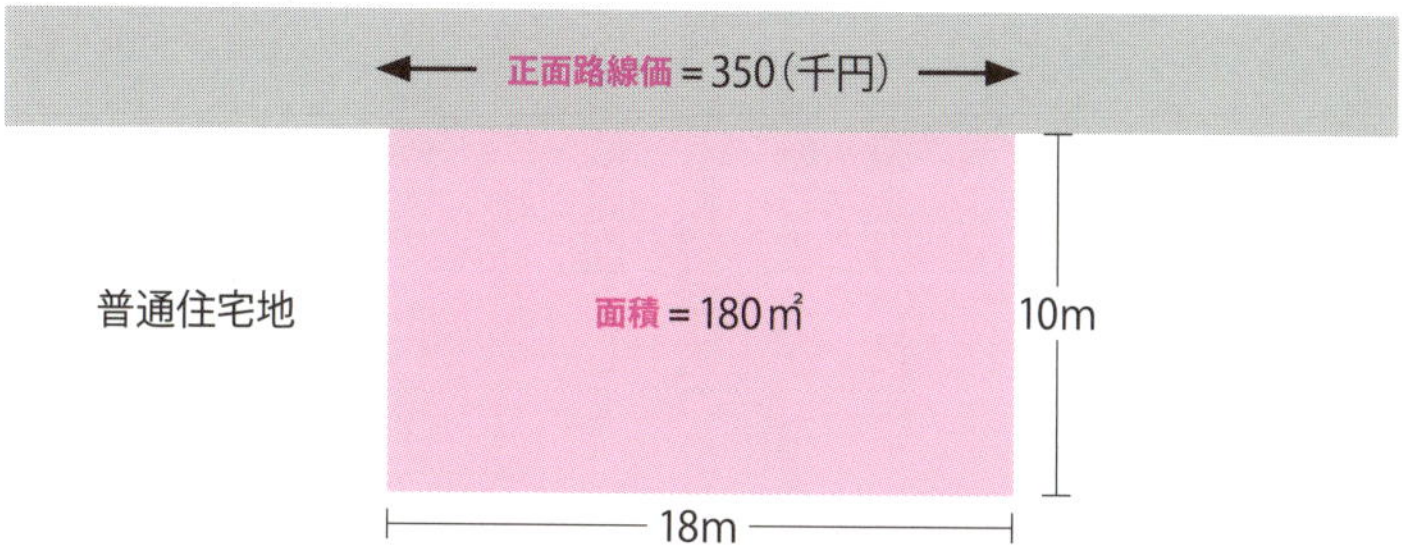

正面路線価 35万円／㎡ × 奥行価格補正率 1.0 × 面積 180㎡ ＝ 評価額 6300万円

●国税庁の路線価のホームページ　http://www.rosenka.nta.go.jp

より地域ごとに定められている一定の倍率をかけて評価額を計算します。土地の形状や立地条件などは関係ありません。倍率は国税局や税務署に照会すれば教えてくれますし、国税庁のホームページで閲覧できます。

また、一定の条件にあてはまる宅地について、税額が軽減される特例（「小規模宅地等についての相続税の課税価格の計算特例」）があります。

家屋については固定資産税評価額により、評価します。固定資産税評価額は都税事務所や市区町村役所に問い合わせて確認します。

借地権の評価

借地権は「更地価額×借地権割合」で計算します。借地権割合は地域により異なるので、所轄の税務署に問い合わせるか、路線価図で調べます。

預貯金や有価証券の評価

預貯金は原則として、相続開始の日の預入残高と相続開始の日に解約した場合に受け取れることができる利子の額（源泉徴収税額を引いた額）との合計額で評価します。

上場株式は原則として、次の四つの価額のうち、最も低い価額によります。

・相続開始日の終値
・相続開始の日があった月の終値の月平

重要！　財産の価値は相続開始時の時価。国税庁が評価基準を定めた「財産評価基本通達」を参考に。

均額

・相続開始の日があった月の前月の終値の月平均額

・相続開始の日があった月の前々月の終値の月平均額

家財や自動車の評価

家具や家電製品などの家庭用財産や自動車は、相続開始日に同じような状態のものを買おうとした場合の価額で評価します。

家財は1個または一組ごとに評価し、1個または一組の価額が5万円以下のものは、「家財道具一式30万円」などのように一括して評価することができます。

自動車は同種、同規格、同様の状態の中古車を買う場合の価額です。

書画・骨董《こっとう》の評価

書画・骨董は類似品の売買価額や専門家の意見などを参考にして評価します。専門性の高いものは、専門家に依頼して確認しましょう。

配偶者は相続税が無税、または大幅に軽減される

配偶者への税額軽減措置

大幅な軽減や無税になる特典

被相続人の配偶者には相続税が大幅に軽減されたり、無税になったりする特典が設けられています。これを「配偶者の税額軽減」といいます。

配偶者の税額軽減は、亡くなった人の財産形成には配偶者が大きく貢献していると考えられること、配偶者のその後の生活保障、また、配偶者の相続は被相続人との同世代間相続なので、いずれ次世代への相続が行われること、などを考慮しての優遇措置です。

配偶者の税額軽減を受けるには、配偶者の相続分を確定させたうえで税務署への申告が必要です。

自分で課税価格の計算をして「税金がかからない」と判断しても、税務署に申告書を提出しないと控除が適用されないので注意しましょう。

●無税となる場合

配偶者の税額軽減が適用されて無税になるのは、次のいずれかの場合です。

・取得財産の課税価格が1億6000万円以下の場合

重要！

取得財産の課税価格が1億6000万円以下、あるいは法定相続分以下なら無税に。

・取得財産の課税価格が法定相続分以下の場合

つまり、取得額が1億6000万円以上でも、配偶者の法定相続分以下であれば無税となるのです。（配偶者の法定相続分については34ページ参照）

●**税額が軽減される場合**

取得財産の課税価格が1億6000万円以上あり、かつ法定相続分を超える場合でも、納める税額は、本来の相続税の税額から法定相続分に対する税額を引いた分なので、かなりの税額軽減になります。

配偶者の税額軽減額の計算式

相続税の総額 × ①または②のうち少ないほうの金額 ／ 課税価格の合計額

①課税価格の合計額に配偶者の法定相続分をかけて計算した金額、または1億6000万円のいずれか多いほうの金額

②配偶者の課税価格（実際に取得した額）

期限までに分割協議を終わらせて申告を

配偶者の税額軽減の手続き

相続税の申告期限までに手続きを

配偶者の税額軽減を受けるには、相続税の申告期限までに相続税の申告を行わなければなりません。

期限までに配偶者の相続分が確定していないと申告はできません。分割協議がととのわない場合は配偶者の分だけ分割をすませ、相続財産の内容や金額を明らかにしておけば、他の相続人の分が未分割でも申告ができます。

配偶者の分の分割もできない場合は、各相続人の法定相続分でいったん申告をし、相続税を納めます。このとき、分割できない事情と分割の予定などを記した「申告期限後3年以内の分割見込書」を添付しておくと、申告後3年以内に分割し相続が確定したときに、あらためて配偶者の税額軽減を受けることができます。

この場合は、納めすぎた税金を還付してもらうので「更正の請求」をすることになります。

更正の請求は遺産分割日の翌日から4カ月以内に提出します。

重要！

配偶者の税額軽減を受けるには、申告期限までに申告を。分割ができない場合は、ひとまず法定相続分で申告する。

未成年者・障害者の税額控除

相続や遺贈によって財産を取得した法定相続人が未成年者の場合、障害者の場合も税額の控除があります。

●未成年者控除

未成年者の場合、相続人が相続開始日から満20歳になるまでの年数1年につき10万円が控除されます。

たとえば、相続人が相続開始時に16歳であれば20歳まで4年あるので「10万円×4」で40万円が相続税額から差し引かれます（相続人の年齢は1年未満は切り捨てます）。

未成年者控除額がその人の相続税額を超える場合は、その超える金額をその人の扶養義務者の相続税額から控除することができます。

●障害者控除

障害者の場合は、相続人が相続開始の日から満85歳になるまでの年数1年につき、一般障害者の場合は、10万円が控除されます。特別障害者（1級、2級など）の場合は、20万円が控除されます。

障害者控除額がその人の相続税額を超える場合は、その超える金額をその人の扶養義務者の相続税額から控除することができます。

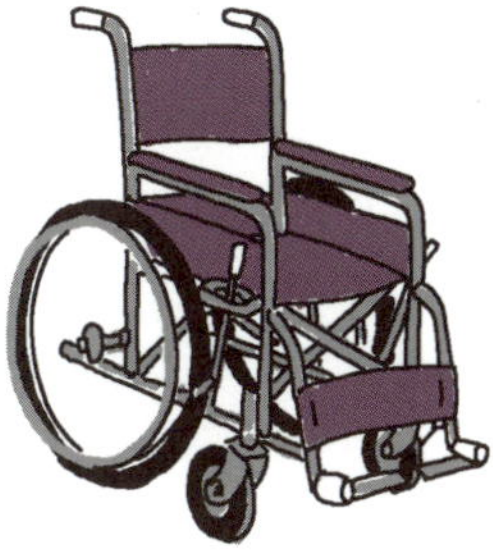

相続税を計算する

各人の課税価格、課税遺産総額、相続税の総額、各人の相続税の順に

相続税の計算の流れ

相続人それぞれが納める相続税額の計算の仕方は、次のような流れになっています。❷の計算で遺産総額が基礎控除額以下の場合は申告の必要がありません。

❶各人の課税価格の計算

相続や遺贈によって相続人それぞれが取得した財産（みなし相続財産も含む）の価格に相続時精算課税適用財産を加え、債務や葬式費用を差し引く。相続開始前3年以内に贈与された財産があれば加える。これが各人の課税価格になる。

❷課税遺産総額の計算

各人の課税価格を合計し、基礎控除額を差し引く。これが課税遺産総額になる。

❸相続税の総額の計算

課税遺産総額を各相続人が法定相続分で分けたと仮定して各人の取得金額を計算し、その各人の取得金額にそれぞれ相続税の税率をかけて計算し、合計する。これが相続税の総額になる。

❹各人の相続税を計算する

相続税の総額を各人が実際に取得した財産の価格の比率によって案分する。こ

重要！

遺産総額が基礎控除額以下なら申告の必要はない。相続人が親、子以外は相続税が２割増しになる。

れが各人の「算出相続税額」となる。この段階で、財産を取得した人が被相続人の一親等の血族（代襲相続人の孫を含む）および配偶者以外の場合は、相続税額の2割に相当する額が加算される。つまり、相続人が代襲相続人でない孫や兄弟姉妹などの場合は、相続税額が2割増しになる。

❺各人の納付税額を計算する

各人の算出相続税額から「配偶者の税額軽減」や「未成年者控除」「贈与税額控除」など、それぞれに適用される税額控除の額を差し引く。これが各人の納めるべき税額（納付税額）、または還付される税額になる。

相続税の速算表

法定相続分に応じた取得額	税率	速算控除額
1000万円以下	10%	0
3000万円以下	15%	50万円
5000万円以下	20%	200万円
１億円以下	30%	700万円
２億円以下	40%	1700万円
３億円以下	45%	2700万円
６億円以下	50%	4200万円
６億円超	55%	7200万円

相続税額の計算例

ケース1は、配偶者と子ども2人が相続する場合（配偶者の税額軽減を適用）、ケース2は子ども3人で相続する場合です。

ケース 1

◆相続人　配偶者（妻）と子2人
◆相続税がかかる財産
　妻　7000万円　　長男　3000万円　　長女　3000万円
　合計　1億3000万円
◆債務・葬式費用　3000万円（妻が負担）

①各人の課税価格の計算

妻　7000万円－3000万円＝**4000万円**
長男　**3000万円**
長女　**3000万円**

②課税遺産総額の計算

・各人の課税価格の合計額
4000万円＋3000万円＋3000万円＝1億円
・基礎控除額
3000万円＋600万円×3＝4800万円
・課税遺産総額
1億円－4800万円＝**5200万円**

③相続税の総額の計算

・課税遺産総額　5200万円
妻 ½　2600万円 × 税率15%－50万円（控除額）＝**340万円**
長男 ¼　1300万円 × 税率15%－50万円（控除額）＝**145万円**
長女 ¼　1300万円 × 税率15%－50万円（控除額）＝**145万円**
・相続税の総額
340万円＋145万円＋145万円＝**630万円**

④各人の納付すべき税額の計算

（相続税の総額を課税価格の合計額1億円に占める各人の課税価格の割合で案分）
妻　630万円 × 4/10＝**252万円**
長男　630万円 × 3/10＝**189万円**
長女　630万円 × 3/10＝**189万円**

⑤実際に納付する税金

妻は「配偶者の税額軽減」の適用で**0円**
長男、長女はそれぞれ**189万円**で、

合計378万円

ケース
2

◆相続人　子３人
◆相続税がかかる財産
長男　7000万円　　次男　3000万円　　長女　3000万円
合計　１億3000万円
◆債務と葬式費用　3000万円（長男が負担）

①各人の課税価格の計算
長男　7000万円－3000万円＝**4000万円**
次男　**3000万円**
長女　**3000万円**

②課税遺産総額の計算
・**各人の課税価格の合計額**
4000万円＋3000万円＋3000万円＝**１億円**
・**基礎控除額**
3000万円＋600万円×３＝4800万円
・**課税遺産総額**
１億円－4800万円＝**5200万円**

③相続税の総額の計算
・**課税遺産総額**　5200万円
子１人につき
5200万円×1/3≒1733万3000円
1733万3000円 × 税率15％－50万円（控除）＝**209万9950円**
・**相続税の総額**
209万9950円×３＝**629万9800円**（百円未満は切り捨て）

④各人の納付すべき税額の計算
長男
629万9800円 ×4/10＝**251万9900円**
次男・長女
629万9800円 ×3/10＝**188万9900円**

⑤実際に納付する税金
長男は**251万9900円**
次男、長女は、それぞれ**188万9900円**で、
合計629万9700円

法定相続で相続したものとして、申告書を提出

分割協議がまとまらないときの申告

法定相続分で相続したものとする

期限までに遺産分割協議がまとまらない場合は、ひとまず法定相続分で分割したものとして相続税を計算し、申告書を提出、納税します。

その後、分割が確定したら、すでに納めた相続税の額が少ない場合は修正申告をします。納めた金額が多かった場合は更正の請求をします。

修正申告の相続税は修正申告書を提出する日に納めます。この場合も延滞税がかかります。

税額軽減の適用を受けるには

分割協議がまとまらないと、配偶者の税額軽減や小規模宅地等の税額軽減が適用されません。

法定分割で分割したものとして申告する際に「申告期限後3年以内の分割見込書」を添付しておけば、申告期限から3年以内に分割をした場合に特例の適用を受けることができます。

この場合、分割確定日の翌日から4カ月以内に更正の請求をします。

重要！

法定相続分で分割したものとして申告・納税。分割が確定したら、修正申告あるいは更正の請求を。

小規模宅地等の特例

被相続人または被相続人と生計を一つにしていた被相続人の親族が、被相続人が亡くなるまで居住していた宅地や使用していた事業用の宅地について、その資産の価額を減額する特例が設けられています。「小規模宅地等の税額軽減」の特例です。いずれも一定の要件にあてはまる場合に適用され、マンションでも、その敷地について適用できます。

たとえば、被相続人が死亡する直前まで居住していた宅地（特定居住用宅地）を被相続人の配偶者や同居親族等が相続した場合、その宅地の価額は、宅地のうち330平方メートルまでの部分について、その評価額の80%が減額されます。

特定居住用宅地については、2世帯住宅に居住していた場合や、被相続人が老人ホームに入居していた場合等も適用されます。

この特例が適用されるには、さまざまな要件があります。要件にあてはまるかどうかなど、税務署や専門家に尋ねたほうがいいでしょう。

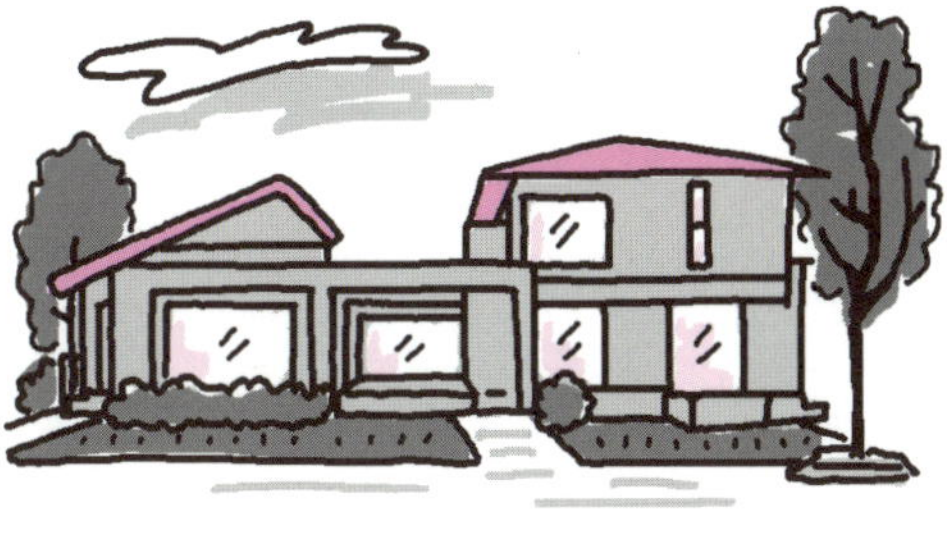

無申告加算税、延滞税、重加算税などが課せられる

期限超過や申告もれには税金が加算

無申告加算税に延滞税がかかる

申告期限を過ぎてから、自主的に申告をした場合（期限後申告）には、税額の5％の「無申告加算税」がかかります。

税務署の調査により指摘されて期限後申告をした場合には、税額が50万円までは15％、50万円を超える部分には20％の無申告加算税が課せられます。

さらに、いずれも申告期限の翌日から納付までの日数に応じて延滞税が課せられます。延滞税は年率で、納付期限から2カ月以内は最高で7・3％、2カ月を超える部分は最高で14・6％となっています。

期限内でも申告もれには加算税が

期限内に申告・納税をしても、財産の申告もれがあったり、計算違いがあったりして税額を少なく申請していた場合には、修正申告をしなければなりません。

自主的に修正申告をした場合、加算税はかかりませんが、税務署に指摘されて修正申告をした場合には、状況に応じ、原則として税額の10％または15％の過少申告加算税が課せられ、延滞税も課せら

重要！ **期限超過だけでなく、申告のまちがい、申告もれにも税金が加算される。不明な点は専門家に相談を。**

れます。

重加算税

相続税がかかることを知りながら申告書を提出しなかったり、相続財産を隠したり偽ったりして少なく申告をして税務調査で指摘された場合には、重加算税および延滞税が課せられます。重加算税は税額の35％または40％で、他の加算税はこの重加算税に含まれます。

相続税の申告には、事前に税務署の無料相談を利用したり、税理士などの専門家に相談したりするなどしてまちがいのないようにしましょう。

税務調査とは

相続税の申告後、多額の資産がある場合、あるいは申告内容が税務署保管の資料や金融機関への照会などで調べた内容と異なる場合に行われるのが「税務調査」です。

税務調査の割合は相続税の申告をした人の2割にもなり、税務調査の結果、8割以上に申告もれが見つかっています。申告もれが多いのは現金・預貯金、有価証券など。単純に財産の存在が相続人に把握されていないためにリストからもれていた場合や、有価証券や預貯金の名義人が実質の所有者ではなかった場合です。

税務調査により財産の申告もれや計算違いによる過少申告が指摘された場合は修正申告をするか、税務署が税額を決定する更正決定処分が行われます。そのような場合には無申告加算税や過少申告加算税が課せられます。財産の隠ぺいや仮装などの場合は重加算税が課せられます。

隠ぺいまたは仮装のあった財産については、「配偶者の税額軽減の特例」も適用されません。

相続税の金銭での納付が困難なとき

相続税の延納

延納には要件がある

相続税は期限までに金銭で一括納付するのが原則ですが、相続財産のほとんどが不動産で、相続税を納める現金がない、ということもあります。

このように納期までに納めることが難しい場合は、一定の要件を満たしていれば例外的に延納が認められます。

延納の要件は次の4点で、このすべてを満たす場合に延納の申請ができます。延納が認められると相続税を年払いで分割して、利子税も合わせて納めることになります。

延納の四つの要件とは

①相続税が10万円を超えていること

②金銭納付を困難とする理由があり、その納付を困難とする金額の範囲内であること。

③納期限までに申請書を納税地の所轄税務署に提出すること。

④延納税額に相当する担保を提供すること。ただし、延納金額が50万円未満で、その延納期間が3年以内であるときは担保は必要ない。

重要！

相続税が一括で払えない場合は延納ができる。延納には利子税がかかる。

延納期間と利子税

延納できる期間と延納にかかる利子税の割合については、その人の相続税額の計算の基礎となった価額のうち、不動産等の価額がどの程度占めているかによって異なります。

延納期間は原則として5年ですが、相続財産に不動産の占める割合が高い場合は最長で20年認められることもあります。利子税の年割合は3・6％から6％。詳しくは税務署に問い合わせを。

相続人に相続税を払わない人がいるとき

相続税の納付については、各相続人が相続などにより受けた利益の価額の範囲内で、お互いに連帯して納めなければならない義務があります。

たとえば相続人が被相続人の配偶者と長男、長女の3人で、このうち長男が納める必要がある相続税を期限までに納めなかった場合、税務署は、まず長男本人に督促状を送ります。

その後1カ月たっても長男が納めなければ、今度は連帯納付義務者である、配偶者と長女に通知がきます。長男が納めない場合は、配偶者と長女が納付しなければなりません。

延納を申請しても納められないとき

財産を現物で納める物納

重要！
延納でも金銭で納めることができない場合に、要件を満たせば認められる。
物納できる財産の種類も限られている。

延納も不可能な場合の物納

相続税の延納を申請しても経済的な事情で納められない場合は、特例として財産を現物で納める物納という方法もあります。物納は次の要件のすべてを満たす場合に認められます。

物納の要件

①延納によって金銭で納めることが困難とする理由があり、その納付を困難とする金額を限度としていること。
②申請財産が定められた種類の財産であり、定められた順位であること。
③納期限までに申請書と物納手続き書類等を納税地の所轄税務署に提出すること。
④物納適格財産であること。

物納できる財産とその順位

物納できる財産は、相続税の課税価格の基準となった相続財産で、日本国内にあるものに限られ、種類と順位も決まっています。第一順位は国債、地方債、不動産、船舶、第二順位は社債、株式、証券投資信託また貸付信託の受益証券、第三順位は動産です。相続時精算課税の贈与によって取得した財産は除きます。

相続Q&A

Q 被相続人の準確定申告が必要な場合とは？

A 被相続人が自営業者の場合、死後4カ月以内に申告を

自営業者が亡くなった場合は、法定相続人が、故人のその年の1月1日から死亡日までの所得を計算し申告しなければなりません。これを「準確定申告」といいます。亡くなった年の1月1日から3月15日までに前年分の確定申告をせずに死亡した場合は、これも同時に行います。

申告は死亡（相続）を知った日から4カ月以内で、故人の住所地の所轄の税務署に提出します。法定相続人が複数いる場合には、原則として相続人全員が連名で1通の準確定申告書を提出します。

これによって確定した所得税は相続人が負担しますが、相続人が2人以上いる場合は、相続分に応じた割合で割り振って、それぞれが納めます。遺言によって相続分の指定がある場合には、それによって割り振ります。相続放棄をした人がいれば、その人を除いた相続人全員で準確定申告と納税をします。負担した税額は、相続人それぞれの相続財産から債務として控除されます。

準確定申告をして還付金があった場合、還付金は「未収金」として相続税の対象となります。ほかの相続財産とあわせて扱うことになるので、たとえ金額が少なくても忘れずにリストに加えておきましょう。

Q 死因贈与と遺贈はどう違う？

A 死因贈与は契約。遺贈は遺言者が一方的に財産を譲る行為

死因贈与は生前の契約であり、通常の贈与同様、口約束の場合は取り消すことができますが、契約書を交わした場合は簡単に取り消すことはできません。贈与者が死亡したあと、思いがけず相続税が高いことがわかっても放棄することはできません。

遺贈は遺言者が一方的に財産を譲る行為である点が贈与とは異なります。遺贈は受遺者が相続開始後に放棄することができます。また、遺言者はいつでも遺贈を取り消すことができます。

なお、遺贈も死因贈与も、受け取った人が相続人でなくても相続税の対象になります

「任意後見制度」と「法定後見制度」

●元気なうちに自分で依頼をする「任意後見制度」

認知症や知的障害、精神的な障害などで判断能力が欠けていたり不十分な人を保護し、支援するための制度が「成年後見制度」です。選任された成年後見人が財産の管理、介護サービスや介護施設との契約、遺産分割協議などを行います。

成年後見制度には、「任意後見制度」と「法定後見制度」の二つがあります。

「任意後見制度」は、判断力が十分ある元気なときに、認知症などで判断能力が落ちたときに備えて、あらかじめ信頼できる人を後見人として自分で選任する制度です。任意後見の契約は公証役場で「任意後見契約公正証書」を作成することで成立します。選任された後見人は依頼人の判断力が低下したときには、任意後見契約にもとづいて生活の援助や療養看護、財産管理などの手続きを行います。

依頼者が任意後見人が必要な状態になったら、本人、配偶者、四親等以内の親族、もしくは任意後見受任者（任意後見契約の実行前は任意後見人はこう呼ばれる）は、家庭裁判所に任意後見監督人の選任を申し立てます。任意後見監督人が選任された時点で、任意後見人は初めて契約職務を行うことになり援助が始まります。

任意後見人には、本人の親族や知人、弁護士、税理士、行政書士、司法書士、NPO法人など、信頼できる人を選びます。法人、個人のどちらにも依頼でき、複数でもかまいません。

●家庭裁判所が後見人などを選任する「法定後見制度」

「法定後見制度」は、「後見」「保佐」「補助」の三つに分かれていて、本人の判断能力の程度などによって決まります。家庭裁判所が後見人、保佐人、補助人を選任し、選任された後見人などが、本人の利益を考えて、契約などの法律行為の代理をしたり、本人が法律行為をするときに同意を与えたり、本人が同意を得ないで行った不利益な法律行為を取り消したりします。

後見人等の選任の申し立ては、本人の住所地の家庭裁判所に「後見開始の審判の申立て」を行います。申し立ては、本人、配偶者、四親等以内の親族、検察官などが行います。

第五章

遺言

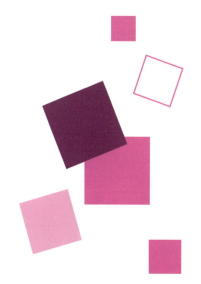

トラブルを防ぎ相続をスムーズに

遺言にはどんな意味がある？

増える相続トラブルに対応

遺言がなくても、相続人同士の話し合いが円滑に進み、問題なく相続を終える場合もありますが、最近は財産の多寡によらず、相続人同士が争い、相続後の人間関係にしこりを残すことも多くなっています。

民法では不平等にならないよう、法定相続分を規定していますが、法定相続分はあくまでも目安と考えていいでしょう。

実際の相続では、相続人それぞれの事情や人間関係などによっては、法定相続分による分割が、必ずしもふさわしいとはいえない状況もあります。

第一章で説明しましたが、遺産相続では、「法定相続よりも遺言による相続が優先される」という大原則があります。遺言によって、被相続人の意思が明確にされていれば、相続争いを防ぐことも、相続そのものをスムーズに進めることもできます。

また、遺言によって、相続権のない人にも財産を譲ることができます。

重要！ 遺言によって相続トラブルを防ぐことができる。遺言によって意思を明確に伝えられる。

遺言は自分の意思を伝える最終手段

遺言は自分の財産をどのように相続させたいのか、最終的な意思を伝える手段でもあります。

残された家族などのためにも、財産をどのように管理し、整理し、相続につなげるか。人生のこれからを考えるためにも、遺言を書いておく意義はあります。

相続人の関係が複雑であるとか、相続人のうちの一人に家業を継がせたい、子どもがいない夫婦で残された妻が安心して老後を過ごせるようにしたい、など、自分の死後、トラブルや心配な状況が予想される場合は、ぜひ、遺言書を作成しておきましょう。

遺言執行者とは？

遺言執行者とは、遺言どおりに遺産相続が行われるように相続の実際を取り仕切る人です。遺言執行者は遺言でのみ、指定ができます。遺言執行者は遺言を執行するための遺産の管理や処分に対する一切の権利と義務を持ちます。相続人は遺言執行者の遺言執行を妨害してはならないことになっています。

遺言の内容によっては、弁護士や税理士などを遺言執行者に指定しておくことが望ましいでしょう。信託銀行を指定することもできます。

子の認知、相続人の廃除および廃除の取り消しの場合は遺言執行者がいないと実行できません。遺言執行者が決められていない場合は、家庭裁判所に申し立てをして、遺言執行者を決めてもらいます。

子のない夫婦や相続関係が複雑なときは遺言作成を

遺言書を作成したほうがいい場合

子どものいない夫婦

子どもがいない夫婦では、法定相続では被相続人の親や親がいない場合は兄弟姉妹と遺産を分け合うことになります。配偶者に全財産を相続させたいときは、遺言に「配偶者に全財産を相続させる」と明示しておけば、たとえば父母が遺留分（44ページ参照）を主張しても、配偶者は全財産の6分の5を相続することができます。

親がいなくて兄弟姉妹が相続人の場合は、兄弟姉妹には遺留分は認められないので、配偶者が全財産を相続できます。

相続関係が複雑な場合

再婚をしていて、現在の妻にも先妻にも子どもがいる場合、子どもに法定相続分とは異なる相続をさせたいときは、それぞれの相続分や財産の分割方法を遺言で指定しておきます。

内縁関係の相手に譲りたい

どんなに長い期間、事実上は夫婦のように暮らしていても、法律上の婚姻関係にない相手に相続権はありません。内縁の相手、事実婚の相手に財産を譲るには

重要！

相続権のない人にも財産を譲ることができる。遺言で子の認知もできる。

遺言が必要です。

婚姻関係にない相手との間に子がいる

生前に認知できなかった子を、遺言によって認知することができます。これにより、子どもは相続権を得ることができます。胎児でも認知はできます。

なお、嫡出子と非嫡出子の法定相続分は、以前は非嫡出子は嫡出子の2分の1でしたが、2013年9月5日の相続より、同等となりました。

相続人がいないとき

相続人がいないと財産は国庫に帰属します。特定の人や団体に遺贈や寄付をするなど、財産の処分の仕方を遺言にしておきます。

相続権のない人に譲りたいとき

特に世話になった子どもの配偶者や知人などに財産を譲りたい場合、また、相続人でない孫や兄弟姉妹にも譲りたい場合に、遺言で譲ることができます。

家業の後継者を指定したい

家業を経営していて、自分が亡くなったあとも継続させたいというときは、後継者を指定し、その人が経営の基盤となる土地や店舗、工場、農地、同族会社の株式などを相続できるようにしておきます。

身分、財産の処分、相続に関すること

法的に効力のある遺言事項とは

法律上、効力のある遺言事項

遺言書には何を書いてもかまいませんが、書いたことすべてに法的な効力があるわけではありません。法律上、効力を有する主な遺言事項には、大きく分けて次の三つがあります。

❶身分に関すること

・婚外子（法律上婚姻関係にない相手との子）の認知ができます。認知は胎児でもできます。

・推定相続人に親権者のいない未成年者がいる場合、後見人の指定、さらに後見人を監督する後見監督人の指定ができます。

❷財産の処分に関すること

・財産を相続人以外の人に贈与（遺贈）することができます。

・財産を寄付したり財団法人を設立したりすることなどができます。

・財産を指定した信託銀行等に預け、管理、運用してもらうことができます。

❸相続に関すること

・法定相続分とは異なる各相続人の相続分を指定したり、第三者に相続分の指

重要！

法的に効力のある遺言事項は限られている。家族への思いも書き添える。

定を委託したりすることができます。

・具体的な遺産分割方法を指定したり、第三者に分割方法の指定を委託したりすることができます。

・相続開始から最長5年以内であれば、遺産分割を禁止することができます。

・相続人相互の担保責任を軽減したり加重したりすることができます。

・相続分から差し引かれる生前贈与や遺贈などによる特別受益分を、分割の際に考慮に入れないよう免除することができます（特別受益の持ち戻しの免除・65ページ参照）。

・相続人の廃除や廃除の取り消しができます。

・遺言内容を実行させるための遺言執行者を指定しておくことや、第三者に指定を委託することができます。

・祭祀《さいし》承継者の指定ができます。

・減殺請求を受けた際の減殺を行う財産の順序を指定できます。

家族への思いを書くことも大事

法的効力のあることだけでなく、遺言書を書くにあたっての心境や、相続についての考えをはっきりと記しておくことも大事です。

「家族仲よく過ごしてほしい」など、残された家族への思いを書くことは、決して無駄ではありません。

法律の規定による方式に従って作成を

遺言書には方式がある

一般には普通方式で作成

遺言書には民法の規定による方式があります。それに従って作成しないと法的に無効になってしまいます。遺言書には大きく分けて普通方式と特別方式がありますが、一般には普通方式で作成します。

普通方式の遺言書には

①自筆証書遺言

②公正証書遺言

③秘密証書遺言（139ページ参照）

の3種類があります。

なお、遺言は必ず文書にしなければなりません。録音や録画による遺言は無効です。

遺言書は原則として15歳以上であれば、作成できます。

遺言として認められない内容

遺言書に「死後、配偶者との婚姻関係を解消（離婚）する」とか、「養子との養子縁組は解消する」「○○と養子縁組する」といった、婚姻や養子縁組に関する内容は認められません。

また夫婦二人で一つの遺言書を書くなど連名による共同遺言も認められません。

重要！

遺言書は民法の規定に従った方式で作成する。遺言は必ず文書にしなければならない。

普通方式の遺言の種類と特徴

	自筆証書遺言	公正証書遺言	秘密証書遺言
作成場所	自由	公証役場	自由
作成方法	本人自筆（一部パソコン可）	公証人が口述筆記（パソコン可）	本人（自筆、代筆、パソコン可）
証人・立会人	不要	2人以上の証人の立ち会い	2人以上の証人と公証人
費用	かからない	作成手数料がかかる	公証人の手数料が必要
署名・押印	ともに必要。押印は実印、認印、拇印のいずれも可。実印がベスト	本人の署名・実印による押印、証人、公証人の署名・押印が必要	本人（遺言書・封印に署名・押印）、証人、公証人（封書に署名・押印）
封印	不要	不要	必要
秘密保持	できる	遺言内容、遺言したことが知られる	遺言したことは知られるが遺言内容は秘密にできる
短所	方式、内容によっては無効になる可能性もある。死後、発見されなかったり紛失、改ざんなどのおそれもある	費用がかかる。証人、作成準備が必要	遺言の存在は明確にできるが、方式、内容によっては無効になる可能性もある
死亡時の家庭裁判所の検認	必要（法務局保管の場合は不要）	不要	必要

いつでもどこでも本人の自由に作成できる

自分で書く遺言「自筆証書遺言」

一定の条件を満たす必要がある

いつでもどこでも、作成できるのが自筆証書遺言です。証人の必要もなく、自分一人で作成することができるので、遺言書を作成したことも、遺言書の内容も秘密にしておくことができます。

ただし、書式や内容について、一定の条件を満たしていないと法的に無効になってしまうので、作成には細心の注意が必要です。また、遺言書が死後、発見されなかったり、紛失したり、第三者の手によって偽造、改ざんされるおそれもあることも知っておきましょう。

自筆証書遺言は、死後は見つけた人が家庭裁判所に提出して検認の手続きを受ける必要もあります。ただし、2020年7月10日より施行される「自筆証書遺言の保管制度」により、法務局で保管されている自筆証書遺言は家庭裁判所での検認は必要ありません。

全文、日付、氏名を自筆で書き押印

自筆証書遺言は全文を自筆で書き、日付、氏名も自筆で書き、押印する必要があります。日付、氏名、押印のいずれか一つが欠けても無効とされます。

ただし、法改正（2019年1月13日施行）により、自筆証書遺言の財産目録については自筆でなく、パソコン作成でもよくなりました。ただし1枚ごとに署名・押印する必要があります。

日付は「○年○月○日」ではなく、「満○歳の誕生日」というような書き方でも、書いた日付が特定されれば認められます。年は西暦でも元号でもかまいません。「○年○月」のように、日の記載がない場合は無効になってしまいます。

署名は戸籍上の実名に限らず、遺言者が特定できれば通常使用しているペンネームや芸名、雅号などでも有効です。押印の印鑑は実印でなくても認印でもよいとされていますが、実印を使うのがベストです。

タイトルは「遺言」「遺言書」など

タイトルはなくてもかまいませんが、遺言であることをはっきりさせるためにも、最初に「遺言」「遺言書」「遺言状」などと、書いておいたほうがいいでしょう。

訂正や加筆も決められた方式で

訂正や内容の書き直しなど、加除訂正する場合は、法律で決められた方式を守らないと無効になってしまいます。

たとえば字をまちがえたときはまちがえた文字を線で消し、押印して「○行目の○字を訂正し、○字加入（削除）」などのように欄外に訂正したことを記入し、署名しなければなりません。最初から書き直したほうがよいこともあるでしょう。

用紙、筆記具に制限はない

用紙や筆記用具に制限はありませんが、保存に耐える用紙を使うことが望ましいでしょう。用紙の大きさも規定はありませんが、家庭裁判所の検認の際にはコピーをとるので、A4やB5などのサイズがよいでしょう。筆記用具はボールペン、万年筆、サインペンなどを。改ざんのおそれがある鉛筆などは避けます。

封印する、しないは自由

書き上げた遺言書は封筒に入れて「遺言書在中」と上書きします。封印するかしないかは自由ですが、変造、改ざんを防ぐ意味でもしておいたほうがいいでしょう。封印には遺言書の押印に使用した印鑑を使うとよいでしょう。

遺言者の死後、封印されている自筆証書遺言はかってに開封することはできません。家庭裁判所での検認の手続きの際に、すべての相続人に立ち会いの機会を与えたうえでないと開封できない決まりです。死後、遺族がかってに開封しないように、封筒に「本遺言書は遺言者の死後、未開封のまま、家庭裁判所に提出のこと」と添え書きしておきます。

なお、２０２０年7月10日から法務局の遺言保管制度が施行されます。

重要！

自筆証書遺言は、全文、日付、氏名を必ず自筆で書き、押印する。加除訂正にも決まりがある。

自筆証書遺言作成 10のポイント

1

全文を自筆で書く（財産目録は自筆でなくても可）。

2

日付（作成年月日）、署名、押印を欠かさない。

3

加除訂正は法律で決められた方式に従って行う。

4

用紙は自由だが保存に耐えられるもので
コピーしやすい A4 や B5 サイズがよい。

5

筆記用具は自由だが
ボールペンや万年筆、サインペンなど改ざんされにくいものを使う。

6

内容は具体的にわかりやすく箇条書きにする。

7

必ず下書きしてから書く。

8

財産の記載ははっきり特定できるように書く。

9

用紙が複数枚に及ぶときはとじるか契印（割り印）をする。

10

封印するかしないかは自由。
2020 年 7 月 10 日からは法務局の保管制度が始まる。

自筆証書遺言の例

全文、日付、氏名を自筆で書く。縦書きでも横書きでもかまわない。自筆であれば外国語でもよいとされる。

遺言書

遺言者山田一郎は、この遺言書により次のとおり遺言する。

一　妻山田夏子には次の財産を相続させる。

（1）東京都文京区○○町○丁目○番○

宅地　○○○・○平方メートル

（2）同所同番地○所在

家屋番号　○番○

木造スレート葺二階建居宅

床面積　一階○○・○平方メートル

二階　○○・○平方メートル

（3）前記家屋内にある什器備品その他一切の動産

（4）○○銀行○○支店の遺言者名義の普通預金・定期預金

遺言書本文を「別紙目録一及び二の不動産を○○に、三の預金を△△に相続させる」などとし、遺贈する財産についてはパソコンで作成した財産目録や通帳のコピーなどを添付することができる。

タイトルは「遺言書」「遺言状」「遺言」など。なくてもかまわないが、あるほうが遺言として明確になる。

日付、署名、押印が必要。いずれか一つが欠けても無効になる。

加除訂正も既定の方式に従う。加除訂正した部分に押印し、余白に訂正したことを記入して署名する。印鑑は署名の下に押したものを使う。

二　長男山田太郎には遺言者の経営する○○商店の後継者として事業経営をしてもらうために、次の財産を相続させる。

(1)東京都新宿区○○町○丁目○番○

宅地　○○○平方メートル

(2)同所同番地○所在

家屋番号　○番○

鉄筋コンクリート造陸屋根二階建店舗

(3)遺言者名義の○○株式会社株式　○○万株

三　長女田中晴美には次の財産を相続させる。

(1)○○銀行○○支店の遺言者名義の｛定期｝預金全額（山田）

この行弐字加入　山田一郎

四　この遺言の遺言執行者に妻夏子の兄の伊藤進を指定する。

令和○年○月○日

東京都文京区○○町○丁目○番

遺言者　山田一郎（山田）

遺言者の住所は書かなくてもよいが、書いたほうが遺言者が明確になる。

署名の下の押印は認印でもかまわないが、できるだけ実印を使う。

公証役場で口述筆記により作成する

公証人に依頼する「公正証書遺言」

法的に正しく作成できる

「公正証書遺言」を作成する人が増えています。

「公正証書遺言」は、公証役場で証人二人以上の立ち会いのもとに遺言者が遺言事項を口述して作成する遺言書です。法的に正しい書式で遺言を作成することができます。

公正証書遺言は遺言内容を秘密にすることはできませんが、遺言書は公証役場で保存されるので、遺言者の死後、発見されないで紛失してしまったり、破棄されたり、内容が改ざんされたりするおそれはありません。

一度作成した公正証書遺言は取り消したり、変更したりすることもできます。

死後の検認の手続きが必要ない

自筆証書遺言や秘密証書遺言は、遺言者の死後、家庭裁判所に提出して検認の手続きをしなければなりませんが、公正証書遺言は検認の手続きが必要ありません。

遺言者の死後、遺族はすぐに開封して内容を確認することができます。

重要！

公正証書遺言は公証役場で口述により作成する。法的に正しい遺言ができる。

公証人に出張してもらうこともできる

遺言者が病気で、本人が公証役場に出向くことができない場合は、公証人に自宅や病院に出張してもらうこともできます。ただし、公証人に出張してもらっても遺言者は遺言内容を口述するのが決まりなので、口述できない状態では公正証書遺言は作成できません。聴覚・言語機能障害者の場合は、手話または筆談による公正証書遺言の作成が可能です。

公証役場での相談は無料

公証役場は全国に約300カ所あります。公証役場での相談は無料なので、公正証書遺言を作成したい場合は、まず相談に行くとよいでしょう。

公正証書遺言作成に必要なのは、実印、印鑑登録証明書のほか、遺言者と相続人の関係がわかる戸籍全部事項証明書、遺言の内容によって遺贈する場合は受遺者の住民票のほか、財産の種類によって必要な書類があります。作成前に十分な確認と準備が必要です。

作成の費用（手数料・153ページ参照）は法によって決められていて、全国どこの公証役場でも同じです。手数料は相続人や受遺者が取得する財産の額や相続人や受遺者の人数によって変わります。

遺言の内容が複雑な場合は、作成前に税理士や弁護士などの専門家に相談するとよいでしょう。

公正証書遺言の例

作成される書類は「遺言公正証書」と呼ばれる。

遺言内容を列記。

令和〇年　第〇〇〇〇〇〇号

遺言公正証書

本職は遺言者山田一郎の嘱託により、証人佐藤博、証人岩本幸男の立ち会いのもとに左の遺言の趣旨の口授を筆記しこの証書を作成する。

遺言の趣旨

壱、遺言者は遺言者の所有する財産中、次の財産を遺言者の妻、山田夏子に相続させる。

一　土地

東京都新宿区〇〇町〇丁目〇番〇

宅地　〇〇〇・〇平方メートル

（遺言内容中略）

以上。

本旨外要件

東京都新宿区〇〇町〇丁目〇番〇

職業　会社役員

遺言者　山田一郎

昭和二十一年〇月〇日生

遺言内容を列記したあと、本旨外要件として遺言者の住所、氏名、生年月日を記載。

遺言者が口述した遺言内容を公証人が筆記して作成。全国どこの公証役場でも作成できる。遺言者が病気などの理由で出向けないときは、公証人に出張してもらうこともできる。

公証人が筆記した内容を読み聞かせ、遺言者、証人が署名・押印。

遺言者が本人であることを確認。証人を明記。

右は印鑑証明の提出により人違いでないことを証明させた。
　東京都葛飾区○○町○丁目○番○号
　証人　佐藤博
　昭和二十三年○月○日生
　神奈川県川崎市○○町○丁目○番○号
　証人　岩本幸男
　昭和二十二年○月○日生

右遺言者および証人に読み聞かせたところ、各自筆記の正確なことを承認し、左に署名捺印する。
　遺言者　山田一郎　㊞（山田）
　証人　佐藤博　㊞（佐藤）
　証人　岩本幸男　㊞（岩本）

この証書は民法第九六九条第壱号ないし第四号所定の方式に従い作成し、同条五号にもとづき左に署名捺印する。
令和○年○月○日　本職役場において
　東京都千代田区○○町○番○号
　東京法務局所属

公証人　井上裕一　㊞（井上）

本人の押印は実印でなければならない。
証人は認印でも可。

撤回・変更は遺言の種類により、決まりに従って行う

遺言を撤回、変更するには

いつでも撤回・変更ができる

遺言は遺言した人の意思であれば、いつでも撤回、変更ができます。遺言は遺言者が生きている間は、どのような義務も権利も発生しません。

たとえば、「長男に自宅マンションを譲る」と遺言書に書いたとしても、その後、遺言者が、その自宅マンションを売ることもでき、自宅マンションを売却したことで遺言を撤回したことになります。

また、「長女に○○銀行の定期預金を相続させる」と書いたあとに、気が変わって遺言者が定期預金を解約して使うこともでき、この場合も遺言は撤回したことになります。

このように遺言書に財産の処分の仕方を書いたあとでも、遺言者は財産を自由に処分することができるのです。

撤回・変更は決まりに従って行う

遺言書の一部を変更したり撤回したりする方法は、遺言書の種類によって異なります。自筆証書遺言は法律で決められた加除訂正の方法に従って、遺言者自身

重要！ 遺言は生きている間は、義務も権利も発生しない。不用になった遺言書は処分する。

が原文に手を入れることができます。公正証書遺言は公証役場に出向いて訂正を申し出るか、新たに変更や撤回部分を記した別の遺言を作成します。

遺言のすべてを撤回したいときは自筆証書遺言や秘密証書遺言であれば破棄したり焼却したりします。公正証書遺言は公証役場に出向いて破棄の手続きをするか、新たに撤回する旨の遺言書を作成します。

遺言書は定期的に見直しを

遺言書は書いたあと、定期的に見直すことも大切です。遺言書が複数あると、死後、家族が混乱するもとにもなります。書き直して不要になった遺言書は、破棄するなど処分しましょう。

遺言書が2通以上あったら

遺言書が複数ある場合は、最も新しい日付のものが有効とされる規定です。

ただし、日付の新しい遺言だけが有効かというとそうではありません。

日付の新しい遺言に前の遺言内容に抵触する内容が書かれていた場合は、その部分だけ新しい遺言が有効になり、前の遺言の残りの部分もそのまま有効になります。

たとえば遺言書が2通あり、前の遺言に「自宅の土地と建物は妻に相続させる。○○銀行の定期預金は長男に相続させる。○○画伯の絵画は長女に相続させる」とあったとします。日付の新しい遺言には「○○画伯の絵画は長男の嫁に遺贈する」とあったとします。この場合、前の遺言の「長女」の部分は撤回・変更となり、新しい遺言の「嫁への遺贈」が有効になり、「妻と長男」に関する部分はそのまま有効になる、ということです。

遺言によって相続人や第三者に財産を譲る

遺贈をしたいとき

相続権のない人に財産を譲る

第二章で「遺贈」について説明しましたが、遺言により財産を贈与することを遺贈といいます。遺贈は相続権のある人にも、ない人にもできます。

内縁関係（事実婚）の妻、世話になった長男の嫁、養子縁組をしていない長女の娘婿、孫、知人など、相続権のない人に財産を譲りたい場合は、遺言書を作成しておきましょう。

遺言者に妻と子がいる場合、親には相続権がないので、親に財産を譲りたい場合も同様です。

遺言書には、遺贈する相手（受遺者）が特定できるように、相手のフルネーム、生年月日、住所を記載しましょう。そして、譲りたい財産が特定できるよう明記します。

遺言には、遺贈の理由、たとえば「たいへん世話になったので」とか「自分が亡くなったあとが心配なので」といった心境も明確に記しておきましょう。

なお、遺贈には相続税が課税されます。

重要！

第三者に財産を譲りたければ遺言に明記する。遺贈は相続人の遺留分に配慮を。

条件付きの遺贈もできる

遺贈をする場合、たとえば「母親に生活費を渡すことを条件に、自宅の土地、建物を長男に譲る」というように、条件をつけることもできます。これを「負担付遺贈」といいます。

受遺者（この場合は長男）は遺贈された財産の価額を超えない範囲内で、負担した条件の義務を負うことになります。

ただし、せっかく遺言に記しておいても、受遺者は遺言者が亡くなったあと、遺贈を放棄することができるので、負担付遺贈をする場合は、受遺者が受けてくれるかどうか検討する必要があるでしょう。

遺言者の死後、受遺者が遺贈を放棄した場合は、負担付遺贈によって利益を得るはずだった人（受益者＝この場合は母親）が、その財産を受け取ることができます。

遺贈は遺留分に配慮を

遺贈によって、他の相続人の遺留分を侵害している場合は、減殺請求されることも考えられます。トラブルを避けるためには、遺留分を侵害しないような注意も必要でしょう。

相続人に遺贈をする場合、相続人は法定相続分とは別に遺贈された財産を受け取れるのではなく、その財産は特別受益として扱われます。

遺言Q&A

Q 遺言書を安全に保管するには、どうしたらいい？

A 銀行の貸金庫や第三者に預ける、信託銀行の利用も

せっかく書いた遺言も死後、相続人の手に渡り、内容を実行してもらわないと意味がありません。また、改ざんや紛失を防ぐためにも保管には気を配りましょう。

保管には銀行の貸金庫に預ける方法、弁護士や税理士、信頼できる友人など、遺言内容に関係のない（利害関係のない）第三者に預ける方法があります。

貸金庫は相続が開始されると、相続人であっても他の相続人の同意を得なければ、かってに開けることができません。

遺言を作成した事実と、自筆証書遺言や秘密証書遺言であれば、誰に託したのか、公正証書遺言であれば、どこの公証役場で作成したのか、などを文書に記して、貸金庫に保管しておくのも一つの方法です。

なお、2020年7月10日からは法務局による自筆証書遺言の保管制度も始まります。

Q 公正証書遺言には法的に有効な内容しか書けないの？

A 本文に書き加えたり、付記として記すこともできます

公正証書遺言にも自筆証書遺言などと同じように、遺言者の思いを記すことができます。

遺言者がどのような考えで相続分の指定や財産の分割方法の指定をしたか、自分が亡くなったあと家族にはどうしてほしいのかなど、遺言書に記載したいことがあれば公証人に伝えます。公証人は遺言の本文に加えたり、本文のあとに「付記」として記載します。

秘密証書遺言とはどういうもの？

内容は秘密にでき、遺言書作成の事実が公証役場に記録されます

遺言内容の秘密を守りながら、遺言書の存在を明確にできる遺言方式です。秘密証書遺言を作成するには、まず、自分で作成した遺言書を封筒に入れて封印し、公証役場に持っていきます。公証役場では証人2人以上の立ち会いのもとに公証人に提出し、手続きをします。

でき上がった秘密証書遺言は本人が持ち帰り、公証役場には遺言者がその日、秘密証書遺言を作成した事実が記録されます。

秘密証書遺言の本文は代筆でもパソコン作成でもかまいませんが、署名だけは自筆でなければなりません。押印、日付も必要です。加除訂正については自筆証書遺言と同様、厳密な方法が要求されます。封印も遺言書に使用した印鑑と同じ印鑑を使います。また、遺言者の死後は家庭裁判所での検認を受けなければなりません。

秘密証書遺言は内容や方式が一定の条件を満たしていないと、死後、無効になるおそれもあります。遺言の内容は秘密にできますが、手続きも面倒で遺言書を紛失する恐れもあります。

作成には弁護士や税理士などの専門家のアドバイスを受けたほうが無難でしょう。

エンディングノートと相続・遺言

●相続を考えるときにも役立つエンディングノート

「終活」という言葉を、多くの人が知るようになりました。人生の最期を自分らしく締めくくるために、葬儀やお墓、相続、介護、終の棲家、終末医療や尊厳死など、さまざまなことを考えておきたい、という人が増えています。

終活について書き残すためのエンディングノートも、数多く市販されています。エンディングノートには財産リストや遺言・相続に関するメモ、自分の家族や親族関係などを記すスペースが設けられているものも多くあります。

エンディングノートの各項目に記入していくことで、いろいろな思いを整理することもでき、家族にとっても、もしものときの大きな助けになります。

相続について考えるときは、まず、このようなエンディングノートを使うのもおすすめです。

●法的に有効な遺言書はノートとは別に作成を

ただし、どの財産をだれに相続させるかなどについては、エンディングノートに記載すれば、それでOKというわけにはいきません。エンディングノートに「自宅は長男に、銀行預金は次男に」などと書いても、遺言としての法的な効力はありません。

法的に有効な遺言は、エンディングノートとは別に作成しておきましょう。

エンディングノートには、これまでの人生を振り返って思い出を記したり、残された家族への思いを書くスペースなどが設けられています。遺言書には書けなかった、妻や子、孫への思い、相続について、どのように考えて遺言書を作成したのかなども書いておくと、相続争いを防ぐ一助にもなるでしょう。

第六章

生前贈与

財産を贈る側と受け取る側の契約

贈与とは

贈与は贈る人ともらう人との契約

相続を考えるとき、相続税を申告・納税する際には、贈与についての知識も必要です。

「贈与」は人に無償で財産を与えること。贈与では与える側を「贈与者」、受け取る側を「受贈者」といいます。

贈与は、贈与者が一方的に「財産をあげる」と意思表示するだけでは成り立ちません。贈与者の「無償であげます」という意思表示に対して、受贈者が「もらいます」と承諾の意思表示をして初めて、民法上の贈与が成り立ちます。

贈与は贈り手側と受け手側の契約なのです。したがって、意思能力のない乳幼児への贈与や認知症などの人からの贈与は、原則として成り立ちません。

贈与は口約束でも契約書を取り交わすこともでき、どちらの場合でも実行の義務があります。口約束の場合は、まだ贈与が実行される前であれば取り消すこともできますが、契約書を交わすと簡単には取り消せません。

贈与には生きている間に財産を譲る

重要！

贈与は受贈者が「もらいます」という意思表示をして初めて成り立つ。暦年贈与には110万円の基礎控除がある。

「生前贈与」と「自分が死んだら財産をあげる」と言って、死を条件に贈与する「死因贈与」があります。

贈与と税金

生前贈与に関する税金には、「暦年贈与」による贈与課税と、「相続時精算課税制度」による贈与課税があります。

暦年贈与というのは毎年1月1日から12月31日までの間（暦年）に受けた贈与の合計額に応じて贈与税を払うもので、通常の贈与のことです。贈与を受けた人には贈与税が課せられますが、贈与した側には課税されません。

贈与税が課せられるのは個人から個人への贈与で、当然ですが親子間や夫婦間の贈与も含まれます。

暦年贈与の基礎控除は年間110万円

暦年贈与には、受贈者一人に年間110万円の基礎控除があります。1年間に受け取った贈与財産の合計額から、基礎控除の110万円を引いた残りの金額に贈与税がかかります。1年間の贈与の合計額が110万円以下であれば、贈与税はかかりません。

また110万円以上の財産を贈与された場合でも、「贈与税の配偶者特別控除」（146ページ参照）を受けた場合のように、贈与税がかからない場合もあります。

一般税率のほか、直系尊属からの贈与についての特例税率がある

贈与税の税率、申告・納税

一般税率と特例税率

贈与税の税率には一般税率と特例税率があります。

特例税率は父母や祖父母など、直系尊属からの贈与により財産を取得した受贈者について適用される税率です。ただし受贈者は財産の贈与を受けた年の1月1日において20歳以上の人に限られます。

一般税率は、たとえば兄弟姉妹間、夫婦間、親から未成年の子への贈与の場合に適用されます。

特例税率は課税価格帯によっては、一般税率よりも低く設定されています。特例税率の適用がある財産のことを「特例贈与財産」といいます。特例税率の適用がない財産は「一般贈与財産」といいます。

贈与税の申告・納税

贈与税の申告・納税は贈与を受けた翌年の2月1日から3月15日までに行います。申告書は贈与を受けた人の住所を所轄する税務署に提出します。

贈与後は税務署の納税窓口ほか、最寄りの金融機関に現金で納めます。

重要！

直系尊属からの贈与には特例税率がある。特例税率が適用されるのは20歳以上の受贈者。

■贈与税の計算

贈与により一般贈与財産、または特例贈与財産のいずれかのみを取得した場合

{課税価格（贈与された財産の価額）－基礎控除（110万円）}×税率－控除額＝税額

贈与税の速算表

一般贈与財産

取得額	一般税率	控除額
200万円以下	10%	0円
300万円以下	15%	10万円
400万円以下	20%	25万円
600万円以下	30%	65万円
1000万円以下	40%	125万円
1500万円以下	45%	175万円
3000万円以下	50%	250万円
3000万円超	55%	400万円

特例贈与財産

取得額	特例税率	控除額
200万円以下	10%	0円
400万円以下	15%	10万円
600万円以下	20%	30万円
1000万円以下	30%	90万円
1500万円以下	40%	190万円
3000万円以下	45%	265万円
4500万円以下	50%	415万円
4500万円超	55%	640万円

同一の夫婦に1回だけ認められる特例

「贈与税の配偶者控除」の特例

結婚20年以上の夫婦が対象

夫婦であっても財産を贈与したときには贈与税がかかりますが、20年以上、法律上の婚姻関係にある夫婦の場合には、「贈与税の配偶者控除」があります。

これは自ら居住するための土地や建物の贈与、または土地、建物を取得するための資金の贈与のみに認められる特例で、同一の夫婦に1回だけ認められます。

夫が亡くなったあと、自宅不動産をめぐって遺族が争うこともあります。心配な場合は、生前にこの特例を利用して妻に自宅を贈与するのも、一つの方法です。

控除額は2000万円

贈与税の配偶者控除額は2000万円です。贈与された不動産の贈与税の評価額、または購入資金から2000万円が控除され、2000万円を超える部分に課税されますが、2000万円を超える部分には暦年贈与の110万円の基礎控除が受けられます。贈与が2000万円を超えない場合は、ほかの財産の贈与について110万円の基礎控除が受けられます。

重要！

結婚20年以上の夫婦には自宅に関する贈与税の特例がある。相続か贈与か、事情に応じて比較検討を。

生前贈与と相続で渡す場合の比較を

この控除から3年以内に贈与を行った配偶者が亡くなった場合に、贈与された控除の対象となった不動産や購入資金は「特定贈与財産」となり、相続税の課税対象にはなりません。贈与を受けた年に配偶者が亡くなった場合は、申告期限までに贈与税か相続税かの選択ができます。

贈与税の配偶者控除では贈与税は軽減されますが、贈与財産が不動産の場合には登記をする際には相続では0・4％の登録免許税が贈与では2％と高くなります。さらに相続ではかからない固定資産税評価額の3％の不動産取得税もかかります。

一方、相続では「配偶者の税額軽減」(98ページ参照)という、相続税が無税になるなど大幅に軽減される特典があります。

また2018年の法改正で、婚姻期間が20年以上の夫婦間で居住用不動産の遺贈または贈与が行われた場合、持ち戻しの免除があったとみなされ、相続財産に加えずに遺産分割ができるようになりました。「配偶者居住権」(52ページ参照)という新しい制度もできました。

配偶者の住まいについて、どの制度を使うのがよいのかは税金だけでなく、それぞれの事情に応じた比較検討が必要でしょう。

生前贈与で納めた税金を相続税で精算

相続時精算課税制度

相続税と贈与税を一体化した制度

「相続時精算課税制度」は、相続税と贈与税を一体化することにより、生前贈与を行いやすくし、世代間の財産の移行をスムーズに進め、個人消費を促すために設けられた制度です。

相続税よりも贈与税のほうが税率が高いために、なかなか親子間の生前贈与が行われないことを解消するために設けられた制度といえるでしょう。この制度を利用すると、生前贈与の際に払った贈与税相当額を相続税から控除することができます。控除しきれなかった金額は還付されます。

適用には条件がある

相続時精算課税の適用には条件があります。贈与する側（贈与者）は贈与した年の1月1日において60歳以上の父母または祖父母、贈与を受ける側（受贈者）は贈与を受けた年の1月1日において20歳以上で、贈与者の直系卑属である推定相続人または孫とされています。

該当する場合は、暦年課税による贈与か相続時精算課税による贈与かを選択す

重要！ 贈与者は60歳以上の父母または祖父母、受贈者は20歳以上の推定相続人や孫。非課税額は2500万円まで。

ることができます。

選択すると相続時まで継続

相続時精算課税では、贈与財産の種類、金額、回数に制限はありません。兄弟姉妹や孫など、受贈者それぞれが、贈与者である父、母、祖父母ごとに、この制度の利用を選択することができます。

相続時精算課税を選択する場合は、贈与を受けた翌年の2月1日から3月15日までに、贈与税の申告に添えて、税務署に制度を選択する旨を届け出ます。最初の贈与の際に届け出れば、相続時まで継続して適用されます。変更、取り消しはできません。

また、この制度を選択すると、制度の対象となる贈与者からの贈与については、その年以後、贈与税の基礎控除額110万円（年額）は受けられませんが、それ以外の人からの贈与については基礎控除額110万円が受けられます。

たとえば、父からの贈与については相続時精算課税を選択し、母や祖父母、第三者からの贈与については暦年課税を利用し基礎控除額の110万円を使うということができます。

非課税額は2500万円

相続時精算課税の贈与税は、2500万円までが特別控除額（非課税額）です。この特別控除額は、2500万円に達するまで、複数回にわたって利用できます。

２５００万円を超える贈与も可能で、２５００万円を超える部分については、一律20％の税率で課税されます。

住宅取得等資金の贈与については、２０２１年12月31日までの期限で特例があります。住宅取得等資金の場合（土地などの先行取得も含む）は、贈与者（両親や祖父母）の年齢に制限がありません。

なお、住宅取得等資金の贈与については、一般贈与でも「直系尊属からの住宅取得等資金の贈与を受けた場合の非課税の特例」（２０２１年12月31日まで）があります。

相続時に贈与財産と相続財産を合算

贈与者である親（祖父母）が亡くなったときには、この制度の対象となったそれまでの贈与財産を相続財産に加えて相続税を計算します。その相続税額から贈与を受けた時点で納めた贈与税相当額を控除します。相続財産に加算する贈与財産の価額は相続時の時価ではなく、贈与時の時価で計算します。

将来、相続税がかからない程度の財産しかない場合、相続時精算課税を利用して生前贈与を受ければ、２５００万円以内であれば贈与税を納めることなく財産を受け取ることができ、相続時も相続税が生じません。また、２５００万円を超える贈与で贈与税を納めた場合には、納めた贈与税は相続時に還付されます。

相続時精算課税を利用したときの贈与税・相続税の計算の仕方

相続時精算課税を利用して3000万円の生前贈与を受けたとします。贈与時には3000万円から非課税分の2500万円を引いた500万円に課税されます。税率は一律20％なので、500万円の20%、100万円を納めます。

贈与者が死亡し、相続が発生したときには、3000万円と相続財産の課税価格を合算し、相続税の基礎控除額を引いた額に課税されます。この課税部分は相続税の税率によって税額が計算されます。

相続税額がすでに納めている贈与時の税額の100万円を超えていれば、その差額を相続税として納税します。相続税額が100万円未満であれば、その差額が還付されます。

贈与時

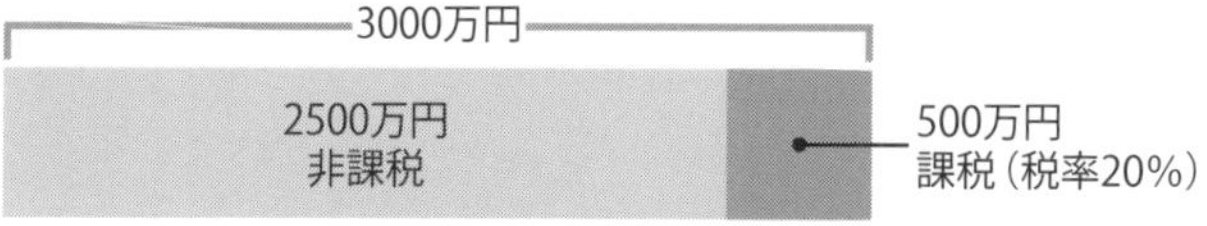

500万円 × 税率20%＝100万円 **100万円を贈与税として納付**

相続時・贈与者の死亡時

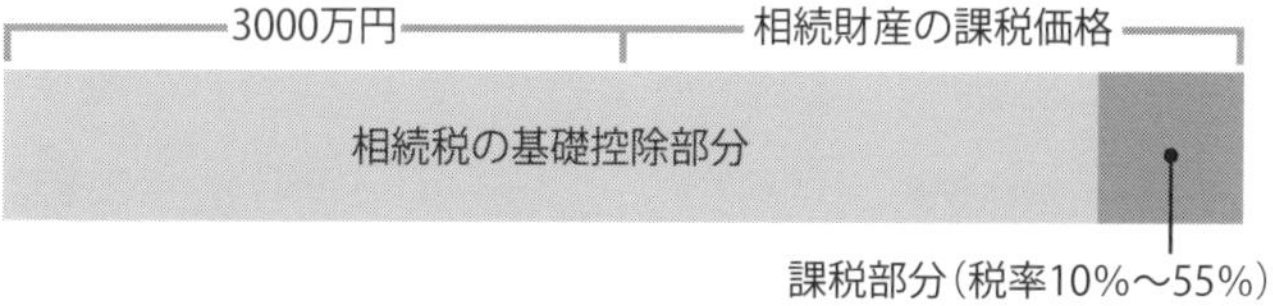

課税部分の課税価格 × 相続税率＝相続税額

相続税額が100万円を超えていれば、その差額を納税

相続税額が100万円未満であれば、その差額が還付

親族・血族・姻族

民法で決められている親族の範囲とは「六親等内の血族」「配偶者」「三親等内の姻族」です。血族には父母、祖父母、子、孫のような「血のつながった者（自然血族）」と「養子と養親や養親の血族（法定血族）」があります。

姻族は配偶者の父母や兄弟姉妹などや、本人の兄弟姉妹の配偶者とその血族のように、婚姻によって発生した親族です。離婚によって姻族関係は終了します。配偶者は、血族でも姻族でもありません。

配偶者とは死別によって婚姻関係は解消されますが、姻族関係は継続します。姻族関係を解消したい場合は、姻族関係終了届を住所地または本籍地の市区町村の戸籍係に提出します。

親族表

本人から見て■は血族、■は姻族。数字は親等を示す。

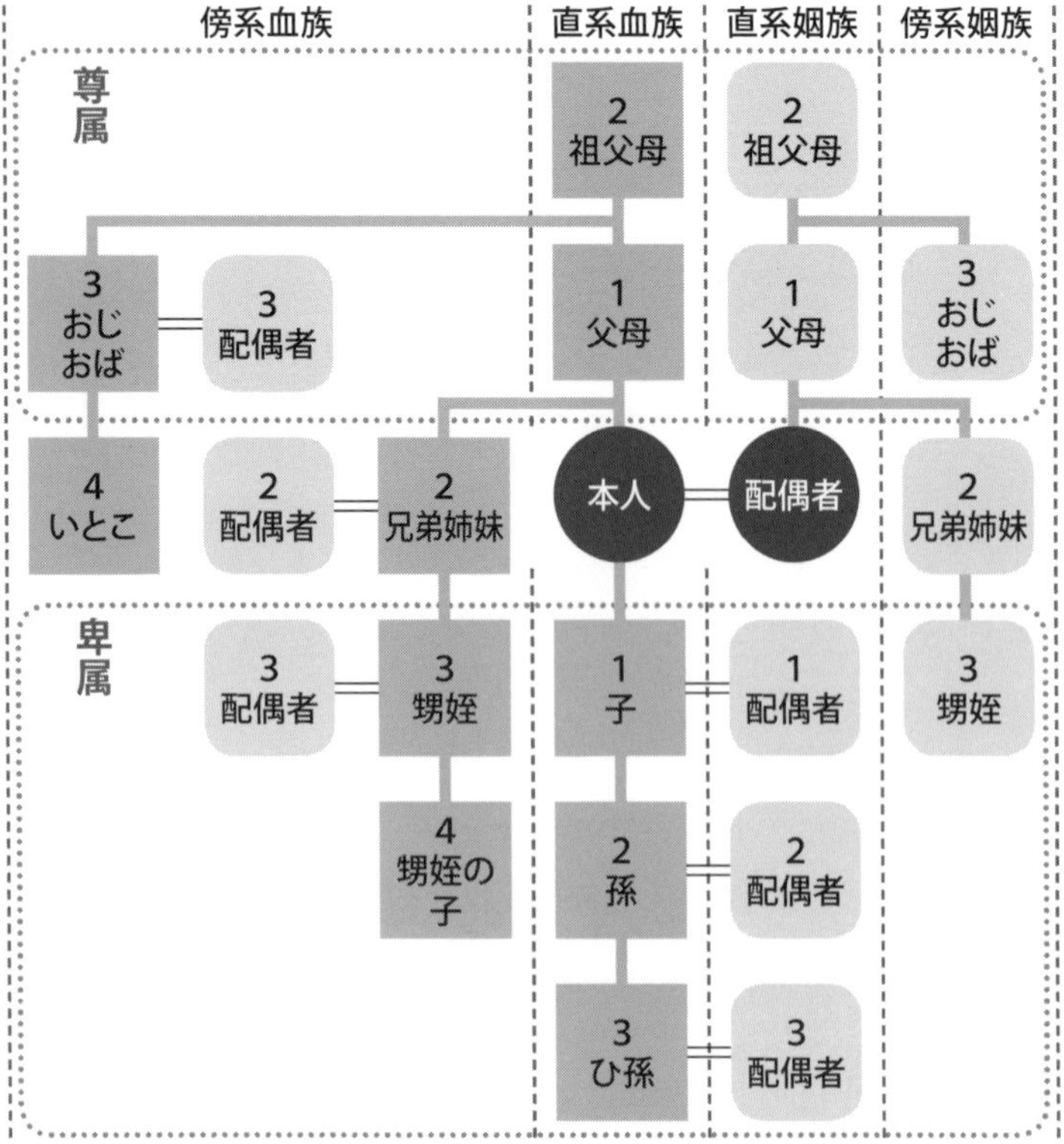

資料

公正証書遺言作成の手数料

目的財産の価格	手数料の額
100万円まで	5000円
100万円を超え200万円まで	7000円
200万円を超え500万円まで	1万1000円
500万円を超え1000万円まで	1万7000円
1000万円を超え3000万円まで	2万3000円
3000万円を超え5000万円まで	2万9000円
5000万円を超え１億円まで	4万3000円
１億円を超え３億円まで	4万3000円に5000万円超過するごとに1万3000円を加算
３億円を超え10億円まで	9万5000円に5000万円超過するごとに1万1000円を加算
10億円超	24万9000円に5000万円超過するごとに8000円を加算

※遺言の場合の目的財産の価格は、相続人、受遺者ごとにその財産の価額を算出し、これを上記の基準表にあてはめて、その価額に対応する手数料額を求め、これらの手数料額を合算して、遺言書全体の手数料を算出する。

※相続、遺贈額が1億円以下のときは、１万 1000 円が加算される。

※公証人が病院、自宅、老人ホームなどに出張して公正証書を作成するときには、目的財産の価格による手数料が５割増しになり、日当と交通費(実費) がかかる。

※手数料には消費税はかからない。

資料

相続税の対象となる財産・ならない財産

●相続税の対象となる財産

本来の相続財産	土地	宅地、田畑、山林、原野、雑種地など
	土地に有する権利	地上権、借地権、耕作権など
	家屋	自用家屋、貸家、工場、倉庫、門、塀、庭園設備など
	構築物	駐車場、広告塔など
	事業用・農業用財産	減価償却資産（機械、器具、備品、車両など）、商品、製品、半製品、原材料、農産物、営業上の債権、牛馬、果樹、電話加入権、営業権など
	預貯金・有価証券	現金、各種預貯金、株式、出資金、公社債、証券、投資信託等の受益証券など
	家庭用財産	家具、什器備品、宝石・貴金属、書画・骨董（こっとう）、自動車、電話加入権など
	その他	立ち木、貸付金、未収金（地代、家賃、給与、賞与など）、配当金、ゴルフ会員権、特許権、著作権など
みなし相続財産		生命保険金、死亡退職金、個人年金（定期金）、低額譲り受け（遺言により著しい低額で財産を譲り受けた場合）など
生前贈与財産		相続開始前３年以内に被相続人から暦年課税により譲り受けた財産（贈与税の配偶者控除の特例を受けた財産は加算されない）
相続時精算課税適用財産		相続時精算課税制度を選択した場合の贈与財産（贈与時の価額で加算される）
贈与税の納税猶予を受けた非上場株式		「非上場株式等の贈与税の納税猶予制度」を受けた非上場株式（贈与時の価額で加算される）

●相続税の対象とならない財産

祭祀《さいし》関係	墓地、墓碑、仏壇、仏具、祭具など
生命保険金	相続人が受け取った保険金のうち「500万円×法定相続人の人数の金額」までは非課税
死亡退職金など	相続人が受け取った死亡退職金等のうち「500万円×法定相続人の人数の金額」までは非課税
公益事業財産	宗教、慈善、学術など公益を目的とする事業を行う人が取得し、公益事業用に使う財産
心身障害受給金	心身障害共済制度にもとづく給付金の受給権
国などへの寄付	相続税の申告期限までに、国、地方公共団体、特定の公益法人、特定の非営利活動法人へ寄付した財産

資料

主な相続財産の評価方法

財産の種類	評価方法
宅地	**市街地の宅地** 路線価方式「路線価 × 面積」 **郊外や農村部の宅地** 倍率方式「固定資産税評価額 × 国税局長が定める倍率」（小規模宅地等については特例がある）
借地権	土地の評価額（更地価額）×借地権割合
建物	固定資産税評価額
マンション	建物は占有面積による「固定資産税評価額」、土地は「マンション全体の敷地面積の評価額 × 持ち分の割合」
預貯金	「相続開始の日の預け入れ残高」と「相続開始の日現在において解約するとした場合に支払を受けることができる既経過利子の額から源泉徴収税額を引いた金額」との合計額。ただし、普通預金、当座預金は相続開始日の預入金額。
株式	**上場株式** 相続開始日の終値と相続が開始された月以前3カ月間の毎日の終値の各月平均額の四つの価額のうち、最も低い額。
自動車・家財	相続開始日に、同じ状態のものを買おうとした場合の価額。家財は1個または一組ごとに評価するのが原則だが、1個または一組の価額が5万円以下のものは「家財道具一式50万円」などのように一括して評価することができる。
書画・骨董	類似品の売買実例価額や専門家の意見などを参考に評価。
ゴルフ会員権	取引相場のある会員権は、取引価額の70%。

相続財産と相続税額の例

被相続人は夫、相続人は妻と子で子は成年。法定相続分どおりに遺産分割をしたとし、控除は税額からの「配偶者の税額軽減」のみとして計算した税額です。相続税額は合計額で、便宜上、1万円未満を四捨五入しています。

課税価格の合計額	法定相続人と相続税額					
	妻と子1人	妻と子2人	妻と子3人	子1人	子2人	子3人
5000万円	40万円	10万円	0円	160万円	80万円	20万円
7000万円	160万円	113万円	80万円	480万円	320万円	220万円
9000万円	310万円	240万円	200万円	920万円	620万円	480万円
1億円	385万円	315万円	263万円	1220万円	770万円	630万円
1億5000万円	920万円	748万円	665万円	2860万円	1840万円	1440万円
2億円	1670万円	1350万円	1218万円	4860万円	3340万円	2460万円
3億円	3460万円	2860万円	2540万円	9180万円	6920万円	5460万円

索引

最新版《さいしんばん》 相続《そうぞく》ハンドブック
2019年８月20日　第１刷発行
2021年11月20日　第４刷発行

監　修　比《ひ》留《る》田《た》 薫《かおる》　岡《おか》田《だ》 茂朗《しげあき》
発行者　平野健一
発行所　株式会社主婦の友社
〒141-0021
東京都品川区上大崎3-1-1
目黒セントラルスクエア
電話　03-5280-7537（編集）
03-5280-7551（販売）
印刷所　大日本印刷株式会社

■本書の内容に関するお問い合わせ、また、印刷・製本など製造上の不良がございましたら、主婦の友社（電話03-5280-7537）にご連絡ください。
■主婦の友社が発行する書籍・ムックのご注文は、お近くの書店か主婦の友社コールセンター（電話0120-916-892）まで。
＊お問い合わせ受付時間　月～金（祝日を除く）9：30～17：30
主婦の友社ホームページ
https://shufunotomo.co.jp/

ISBN978-4-07-436418-3

●監修者

比留田薫（ひるたかおる）
弁護士。1981年慶應義塾大学法学部法律学科卒業。89年弁護士登録。同年より「大原法律事務所」に所属。相続、離婚、遺言書作成、破産、任意整理など、民事全般を扱う。東京弁護士会所属。監修書に『遺言の書き方と相続・贈与』『必ずよくわかる！離婚の手続き・すすめ方・お金』（以上主婦の友社）など。

岡田 茂朗（おかだしげあき）
税理士。1982年慶應義塾大学商学部卒業。87年税理士登録。90年東京税理士会北沢支部にて「岡田茂朗税理士事務所」を開設。現在、東京ミロク会計人会研修委員長。税理士三田会副会長も務める。趣味はゴルフ、草野球、トロンボーン演奏。
Email:spr84yz9@feel.ocn.ne.jp

イラスト／手塚由紀
カバーデザイン／吉田 亘
本文デザイン／落合光恵
構成・執筆／田﨑佳子
編集協力／高橋容子
編集担当／望月聡子（主婦の友社）

☆本書は2014年に刊行された「相続ハンドブック」の増補改訂版です。
☆掲載の内容は2019年6月現在のものです。変わることがありますので、自治体や関連機関のホームページ等で随時ご確認ください。